人民法院执行规范化第三方评估
以湖州为样本

中国社会科学院国家法治指数研究中心
中国社会科学院法学研究所法治指数创新工程项目组
著

中国社会科学出版社

图书在版编目(CIP)数据

人民法院执行规范化第三方评估：以湖州为样本／中国社会科学院国家法治指数研究中心，中国社会科学院法学研究所法治指数创新工程项目组著．—北京：中国社会科学出版社，2020.8
（地方智库报告）
ISBN 978 - 7 - 5203 - 6999 - 2

Ⅰ.①人… Ⅱ.①中…②中… Ⅲ.①法院—执行(法律)—法律规范—湖州 Ⅳ.①D926.22

中国版本图书馆 CIP 数据核字（2020）第 151243 号

出 版 人	赵剑英
责任编辑	马　明
责任校对	任晓晓
责任印制	王　超

出　　版	中国社会科学出版社
社　　址	北京鼓楼西大街甲 158 号
邮　　编	100720
网　　址	http://www.csspw.cn
发 行 部	010 - 84083685
门 市 部	010 - 84029450
经　　销	新华书店及其他书店
印　　刷	北京君升印刷有限公司
装　　订	廊坊市广阳区广增装订厂
版　　次	2020 年 8 月第 1 版
印　　次	2020 年 8 月第 1 次印刷
开　　本	787×1092　1/16
印　　张	8
插　　页	2
字　　数	80 千字
定　　价	49.00 元

凡购买中国社会科学出版社图书，如有质量问题请与本社营销中心联系调换
电话：010 - 84083683
版权所有　侵权必究

项目组负责人：

田　禾　中国社会科学院国家法治指数研究中心主任、法学研究所研究员

李章军　浙江省湖州市中级人民法院党组书记、院长

项目组成员：（按姓氏汉字笔画为序）

王一辉　王小梅　王　怡　王祎茗　方海明
冯新林　吕艳滨　刘雁鹏　沈　伟　沈舟平
沈芳君　陈　静　胡昌明　栗燕杰　潘秩华

学术助理：（按姓氏汉字笔画为序）

米晓敏　车文博　冯迎迎　洪　梅　柴金鸽

执笔人：

王小梅　中国社会科学院法学研究所副研究员
田　禾　中国社会科学院法学研究所研究员
吕艳滨　中国社会科学院法学研究所研究员

摘要： 为巩固"基本解决执行难"成果，向切实解决执行难迈进，湖州市中级人民法院将标准化作为执行长效机制建设的抓手和关键，于2018年9月委托湖州市质量技术监督局制定《执行工作流程管理规范》，以标准化推进规范化。为推进该地方标准的实施，客观准确评估湖州两级法院新的执行工作机制及其成效，受湖州市中级人民法院委托，中国社会科学院国家法治指数研究中心、中国社会科学院法学研究所法治指数创新工程项目组开展湖州法院执行规范化指数评估。

评估结果显示，湖州法院执行办案规范度明显提升，具体体现为：保全及时，源头缓解执行压力；确保信息准确，提升数据质量；线上查控及时，保障执行效率；强化执行措施，提高执行效果；部分法院重视财产申报制度；涉案财产处置变现规范高效；执行款管理规范、发放及时；协同执行整合湖州区域资源。湖州市中级人民法院的地方标准为全国建立统一的执行行业标准提供了样本。湖州法院在规范执行的过程中，也存在约谈当事人有待加强、终本案件线下调查比较薄弱、拒不申报制裁力度仍显不够、执行流程标准有待统一等问题。这些问题在全国具有普遍性，因此加强顶层设计、统一执行标准势在必行：树立和强化规范执行理念；碎片化执行规范亟待整合；强化法院系统内部衔接机制；推广和完善询价议价机制；适当放宽终本的适用范围；完善"拒执罪"的制度设计；加强对规避执行的深度调研；尝试建立差异化执行模式；建立科学的执行考核体系；依托信息化实现执行规范化。

关键词：湖州市中级人民法院；执行规范化；地方标准；执行长效机制；第三方评估

Abstract: In order to consolidate the achievements made in overcoming enforcement difficulties and effective solve the problem of enforcement difficulties and taking standardization as the key to the construction of a long-term enforcement mechanism, the Intermediate People's Court of Huzhou Municipality, Zhejiang Province entrusted the Quality and Technology Supervision Bureau of Huzhou Municipality to formulate the Standard on Management of Enforcement Process in September 2018. To promote the implementation of this local standard by two levels of courts in Huzhou Municipality and objectively and accurately evaluate the operation of the new enforcement mechanism and its results, the CASS Center for National Rule of Law Indices and the Innovation Project Team on the Rule of Law Indices of CASS Law Institute were entrusted by the Intermediate People's Court of Huzhou Municipality to carry out assessment of the index of standardization of court enforcement in Huzhou.

The assessment shows that there has been a marked rise in the level of standardization of the handling of enforcement cases by courts in Huzhou in 2019, the concrete manifestations of which include: adopting timely preservation measures to relieve enforcement pressure at its sources;

ensuring the accuracy of information to improve the quality of data; conducting timely online inquiry and control of properties to raise the efficiency of enforcement; strengthening enforcement measures to enhance the effect of enforcement; and attaching importance to the property declaration system, standardizing and raising the efficiency of disposal and realization of disputed properties, ensuring the standardized management and timely payment of enforcement money, and integrating regional resources and coordinating enforcement actions. The local standard adopted by the Intermediate People's Court of Huzhou Municipality provides an example for the establishment of a unified professional enforcement standard in the whole country. In the process of standardizing enforcement, courts in Huzhou have encountered such problems as unsatisfactory interviews of parties, weak offline investigation of cases with terminated enforcement procedures, apparently insufficient punishment of refusal to declare property, and lack of unification of standard on enforcement procedure. All these problems are of universal nature in the whole country. Therefore, it is imperative for China to strengthen top-level design and unify enforcement standards, establish and strengthen the idea of standardized enforcement, integrate fragmented enforcement norms, strengthen the internal linkage mechanism within the court system, popularize and improve the inquiry and bargaining mechanism, appropriately widen the scope of application of termination of enforcement, improve the institutional design of the crime of refusing to satisfy judgment, strengthen in-depth investigation and research on the evasion of enforcement, create a differential enforcement mode, establish a scientific enforcement assessment system, and rely on information to realize the standardization of enforcement.

Key Words: the Intermediate People's Court of Huzhou Municipality, the Standardization of Enforcement, Local Standard, a Long-term Enforcement Mechanism, E-valuation Conducted by the Third Party

目 录

导 言 …………………………………… (1)

一 执行规范化评估的背景 ……………… (3)
  （一）中央法治一号文件强化执行源头
       治理 ………………………………… (3)
  （二）《五五改革纲要》对执行工作提出
       新要求 ……………………………… (5)
  （三）执行工作五年纲要全面部署长效
       机制 ………………………………… (7)
  （四）浙江高级人民法院进一步强化执行
       工作强制性 ………………………… (8)

二 执行规范化评估的意义 ……………… (11)
  （一）规范化是司法执行工作的
       本质要求 …………………………… (11)

（二）规范化是应对执行难题的
　　　现实需要 …………………………（12）
（三）规范化有助于塑造廉洁的
　　　执行队伍 …………………………（13）
（四）规范化是建立执行长效机制的
　　　关键 ………………………………（14）
（五）规范化与执行质效长期呈
　　　正相关性 …………………………（15）
（六）通过规范化评估改善法院
　　　执行生态 …………………………（16）

三　执行规范化评估指标体系………………（18）
　　（一）设定原则 ……………………………（18）
　　（二）指标体系解读 ………………………（22）

四　评估对象、方法与评估结果……………（30）
　　（一）评估对象与方法 ……………………（30）
　　（二）评估结果 ……………………………（31）

五　成效：执行办案规范度明显提升………（33）
　　（一）保全及时源头缓解执行压力 ………（33）
　　（二）确保信息准确提升数据质量 ………（34）
　　（三）线上查控及时保障执行效率 ………（34）

（四）强化执行措施提高执行效果 …………（35）
（五）部分法院重视财产申报制度 …………（39）
（六）涉案财产处置变现规范高效 …………（40）
（七）执行款管理规范、发放及时 …………（41）
（八）协同执行整合湖州区域资源 …………（42）

六 问题：执行工作流程管理有待进一步规范 ……………………………………………（44）
（一）约谈当事人实施不到位 ………………（44）
（二）终本案件线下调查不足 ………………（45）
（三）拒不申报制裁力度不够 ………………（46）
（四）执行流程标准有待统一 ………………（47）
（五）少量卷宗信息存在错误 ………………（49）
（六）结案文书发送仍有短板 ………………（50）

七 展望与建议：加强顶层设计，统一执行标准 ……………………………………………（51）
（一）树立并强化规范执行理念 ……………（52）
（二）碎片化执行规范亟待整合 ……………（53）
（三）强化法院系统内部衔接机制 …………（54）
（四）推广和完善询价议价机制 ……………（55）
（五）适当放宽终本的适用范围 ……………（56）
（六）完善"拒执罪"的制度设计 ……………（57）

（七）加强对规避执行的深度调研 ………… (59)
（八）尝试建立差异化执行模式 …………… (60)
（九）建立科学的执行考核体系 …………… (60)
（十）依托信息化实现执行规范化 ………… (61)

附　录 ………………………………………… (64)
附录一　湖州市中级人民法院执行工作流程
　　　　管理规范 ………………………………… (64)
附录二　浙江省高级人民法院关于进一步
　　　　强化强制执行措施的若干意见
　　　　（试行） ………………………………… (90)
附录三　关于建立健全办理拒不执行判决、
　　　　裁定案件自诉与公诉衔接机制的
　　　　会议纪要 ………………………………… (94)

参考文献 ……………………………………… (101)

**后记　从"基本解决执行难"到"切实解决
　　　执行难"，规范化是必由之路** ………… (107)

导　言

2019年是人民法院第五个五年改革纲要的开局之年，也是人民法院执行工作五年纲要的实施元年，亦是人民法院从基本解决执行难向切实解决执行难目标过渡之年。党的十八届四中全会做出了"切实解决执行难""依法保障胜诉当事人及时实现权益"重大决策部署。"切实解决执行难"事关司法体制改革成败，更关系到全面依法治国的顺利推进。解决执行难并非一蹴而就，而是一项长期的系统工程。2016年3月，最高人民法院提出"用两到三年基本解决执行难"的奋斗目标。经过全国法院三年的不懈努力，截至2018年底，人民法院的执行工作发生历史性变化，实现了跨越式发展，执行的强制性、规范化和信息化建设得到长足进展，从执行财产的查询控制、执行案件的办理和管理、执行行动的统一指挥到财产的拍卖处置、对失信被执行人联合信用惩戒以及执行事项的异地委托等，实现了执行模式和体制的变革，并在一定程度上优化了执行生态。

为巩固基本解决执行难成果，向切实解决执行难迈进，湖州中院将标准化作为执行长效机制建设的抓手和关键，于2018年9月委托湖州市质量技术监督局制定发布了《执行工作流程管理规范》。《执行工作流程管理规范》作为首个地方执行标准，以执行的标准化推进和实现执行规范化。《执行工作流程管理规范》规定了湖州法院执行工作的术语和定义、执行综合管理、执行案件管理、执行监督评价的管理要求，所确立的标准适用于湖州法院执行工作中的规范化管理。为推进该地方标准的实施，客观准确评估湖州两级法院新的执行工作机制及其成效，湖州市中级人民法院（以下简称"湖州中院"）委托中国社会科学院国家法治指数研究中心、中国社会科学院法学研究所法治指数创新工程项目组就该标准的落实情况开展了第三方评估。

一 执行规范化评估的背景

2019年,法院的执行工作进入新的历史阶段,从中央全面依法治国委员会到最高人民法院再到浙江省高级人民法院,先后出台了一系列文件,对执行工作提出了新要求。

(一)中央法治一号文件强化执行源头治理

执行工作从来都不是法院一家的事情,中央和地方党委、政府高度重视执行工作,特别是经历了"两到三年基本解决执行难"的过程,初步形成了综合治理执行难工作大格局。为了深入贯彻落实党的十八届四中全会提出的"切实解决执行难""依法保障胜诉当事人及时实现权益"重大决策部署,进一步健全完善综合治理执行难工作大格局,确保切实解决执行难目标实现，2019年7月，中央全面依法治国委员会发布《关于加强综合治理从源头切实解决执行难问题的意见》。作为2019年中央法治一号文件，《关于加强综合治理从源头切实解决执行难问题的意见》就加强执行难综合治理、深化执行联动机制建设、加强人民法院执行工作提出要求，体现了党对全面依法治国工作的统一领导，也体现了党对执行工作的高度重视。该意见对人民法院执行工作的定位和重要性进行了准确概括，即"人民法院执行工作是依靠国家强制力确保法律全面正确实施的重要手段，是维护人民群众合法权益、实现社会公平正义的关键环节"，并再次重申和强调切实解决执行难的意义，即"切实解决长期存在的执行难问题，事关全面依法治国基本方略实施，事关社会公平正义实现，具有十分重要的意义"。正是基于这种深刻认识，《关于加强综合治理从源头切实解决执行难问题的意见》提出"强化执行难源头治理制度建设"，包括"加快社会信用体系建设""完善市场退出工作制度机制""完善司法救助制度""完善责任保险体系""完善相关法律制度"等。该文件还专门就"提升执行规范化水平"提出具体要求，即"健全执行规范制度体系，加强执行领域司法解释工作，建立完善以操作规程为核心的执行行为规范体系"，"规范无财产可供执行案件的结案程序，完善恢复执行程序。

强化全国执行指挥系统建设，确保统一管理、统一指挥、统一协调的执行工作机制有效运行"，"树立依法执行、规范执行、公正执行、善意执行、文明执行理念，依法保护产权"。

1999年到2019年二十年间，中央针对执行工作的政策性文件有六个，分别是1999年《中共中央关于转发〈中共最高人民法院党组关于解决人民法院"执行难"问题的报告〉的通知》、2005年《中央政法委关于切实解决人民法院执行难问题的通知》、2009年《中共中央政法委员会、最高人民法院关于规范集中清理执行积案结案标准的通知》、2010年《关于建立和完善执行联动机制若干问题的意见》、2016年《中共中央办公厅、国务院办公厅〈关于加快推进失信被执行人信用监督、警示和惩戒机制建设的意见〉》和2019年《关于加强综合治理从源头切实解决执行难问题的意见》。无论是对于执行立法工作还是法院具体的执行业务，上述中央文件都发挥纲领性和方向性指引作用。

（二）《五五改革纲要》对执行工作提出新要求

2019年2月，《最高人民法院关于深化人民法院司法体制综合配套改革的意见——人民法院第五个五年改革纲要（2019—2023）》（以下简称《五五改革纲要》）出台，提出"全面推进执行信息化、规范化建设""加强执行规范化、标准化建设"，特别强调"建立完善以操作规程为核心的执行行为规范体系，完善各类程序节点、执行行为的规范化、标准化流程"，"完善协同执行、委托执行机制，规范指定执行、提级执行、异地交叉执行的提起和审批程序"，"严格规范无财产可供执行案件的结案、恢复和退出程序，全面推行终结本次执行案件集中、动态管理"。

《五五改革纲要》要求"进一步加大强制执行力度"，一是不断扩大网络查控范围，强化冻结、扣划功能，推动实现网络查控系统对各类财产的全覆盖；二是进一步完善被执行人财产报告制度，加大对拒绝报告、虚假报告或者无正当理由逾期报告财产被执行人的惩戒力度；三是健全委托审计、委托调查、悬赏举报等工作机制，加强对被执行人或者协助执行人重大资产处置和重要事项变更等事项的监督；四是密切与有关方面协作，全面推进信息共享，完善失信被执行人信用监督、警示和惩戒体系，推动形成多部门、多行业、多领域、多手段联合信用惩戒工作新常态；五是依法充分适用罚款、拘留、限制出境等强制执行措施，加大对抗拒执行、阻碍执行、暴力抗法行为的惩治力度；六是完善反规避执行工作机制，依法严厉打击拒不执行判决、裁定的犯罪行为。《五五改革纲要》提出的这六个方面的要求，既是"进一步加大强制执行力度"的需要，也为人民法院执行工作提出了规范性动作，做到"应为必为"。

（三）执行工作五年纲要全面部署长效机制

为全面贯彻落实党的十九大和十九届二中、三中全会精神，巩固"基本解决执行难"成果，建立健全执行工作长效机制，进一步提升执行工作水平，奋力向"切实解决执行难"的目标迈进，2019年6月，最高人民法院制定《关于深化执行改革健全解决执行难长效机制的意见》（即《人民法院执行工作纲要（2019—2023）》）。《人民法院执行工作纲要（2019—2023）》对2016年至2018年全国法院的执行工作进行了充分肯定，认为全国法院在以习近平同志为核心的党中央坚强领导下，认真谋划、真抓实干、同心协力、攻坚克难，执行工作发生历史性变化，取得跨越式发展，"基本解决执行难"这一阶段性目标如期实现。该纲要也不回避法院执行工作存在的问题，指出与党中央提出的"切实解决执行难"目标和人民群众期待相比还有差距，在有些方面、有些地区，执行难问题仍然存在甚至还较为突出。为此,《人民法院执行工作纲要(2019—2023)》对未来五年的执行工作作出全面部署,确立一系列总体目标,包括"确保以现代信息技术为支撑的执行工作模式常态化","确保对消极执行、选择性执行、乱执行等不规范执行行为严肃整治常态化","确保对规避执行、抗拒执行、干预执行的高压态势常态化","进一步推进现代信息科技在执行领域的广泛应用、深度应用,全面提升执行信息化、智能化水平,实现执行管理监督模式、执行保障模式、执行查控模式、执行财产变现模式现代化"等。这些目标的实现离不开执行工作的"一性两化",即依法突出执行工作的强制性,全力推进执行工作信息化,大力加强执行工作规范化。《人民法院执行工作纲要(2019—2023)》重申"人民法院执行工作是以国家强制力实现当事人合法权益",为此要"依法打击规避、抗拒、干预执行的行为,形成强大的威慑力和高压态势","坚持以现代信息科技为支撑,形成现代化的执行模式","深化执行体制机制改革,完善执行监督管理体系,规范执行行为,转变执行作风,提高执行公信力"。

(四)浙江省高级人民法院进一步强化执行工作强制性

为加强民事执行的强制性、规范性,依法惩戒逃避执行、抗拒执行行为，敦促被执行人主动履行生效法律文书确定的义务，2019年4月，浙江省高级人民法院印发《关于进一步强化强制执行措施的若干意见（试行）》。根据该试行意见的要求，自2019年5月1日起，金钱给付类民事执行案件在办理过程中对不如实申报财产、违反消费令、拒不移交车辆、拒不腾退房屋等拒不配合执行的行为，依法采取罚款、拘留或追究刑事责任。浙江省高级人民法院自我加压，主动向逃避执行、规避执行的行为发难，试图通过"史上最严强制执行措施"，维护人民群众合法权益，实现社会公平正义；提升执行行为的刚性，保障司法裁判得到执行，维护司法权威和公信；确保法律通过司法判决和执行得到全面贯彻与实施，维护法律尊严。

2019年，党的十九届四中全会召开，通过了《中共中央关于坚持和完善中国特色社会主义制度 推进国家治理体系和治理能力现代化若干重大问题的决定》，将"国家治理体系和治理能力现代化"提到前所未有的高度，是继农业、工业、科技和国防现代化之后的第五个现代化。在新的历史时期，无论是党中央，还是最高人民法院，以及地方各级人民法院，都深刻意识到，要切实解决执行难，建立执行长效机制，必须借助于执行信息化建设，进一步规范执行流程和执行行为，提升执行的强制性，进而提升执行能力、实现法院执行工作的现代化，为实现国家治理体系和治理能力现代化奠定坚实的基础。2019年还是营商环境法治元年，国务院颁布《优化营商环境条例》，将优化营商环境提升到行政法规的高度加以规范。优化营商环境，迫切需要建立诚信的社会体系，而人民法院的执行工作则是通过落实法院判决，切实保护和兑现人民的胜诉权益，建立社会信用体系，在全社会营造诚信氛围，进一步优化营商环境。

二　执行规范化评估的意义

执行工作可以从多个维度和面向进行评估,而规范化是评估法院执行工作的首要维度,这是由司法工作的性质、破解执行难的需要、维持执行队伍廉洁、建立执行长效机制决定的。规范执行是依法执行的应有之义,是考察法院在办理执行案件过程中是否遵循相应执行程序的硬性指标,更是赢得当事人信任、捍卫司法权威的重要体现。就执行评估而言,规范化评估侧重于对执行过程的考核,以过程的规范化实现执行质效的提升,并且对于改善法院的执行生态也具有重要意义。

(一) 规范化是司法执行工作的本质要求

审判和执行是人民法院的两大核心工作,虽然与审判相比,执行工作更强调效率,但是效率与规范并行不悖，效率要建立在规范的前提下，否则，牺牲过程的规范性以追求效率，会增加执行风险，降低案件的办理质量，并最终影响到执行效率。执行案件的办理要遵循法定的执行程序，执行过程中的法律行为，要遵循相关的制度要求，如批准、签字、对当事人的告知、送达等。虽然，"处处留痕"作为形式主义备受诟病，然而法院案件的办理比任何公权力行为都更强调"案卷排他性规则"，案件办理过程的规范化是司法行为的本质要求，对于案件回查、执行人员免责具有重要意义。

实务中，相当一部分人对执行规范化不以为然，认为只要案件标的执行到位，过程可以忽略。然而，不合程序要求的执行有时可以换来真金白银，但更多情况下可能会由于权力失控而导致当事人权益遭遇损害，换来对法治的破坏。宁可走过所有程序但因为被执行人确无偿付能力而无法满足债权人债权，也不可为了一部分案件的债权实现而违规操作。第三方评估希望借执行规范化切实推动法院应为必为，推动执行工作回归执行的基本规律。

（二）规范化是应对执行难题的现实需要

执行难是各种社会问题和矛盾叠加、交织的集中体现，是内因外因共同作用的结果。从内部原因看，执行规范化水平不高、执行人员力量和能力不足、执行工作管理不够规范不同程度存在，消极执行、选择性执行、乱执行现象以及违纪违法、徇私枉法现象时有发生。从外部原因看，社会诚信水平不高、财产登记和监管制度不健全、执行案件数量激增、执行法律法规滞后、对逃避执行的反制手段有限等因素制约了执行工作的开展。与审判工作相比，由于统一的执行立法缺失，加上执行人员素质整体上不理想，执行不规范的现象较为突出，解决执行难的任务之一就是要消除这种执行不规范的现象，做到应为必为。因此，规范化不仅是司法工作的本质要求，更是法院治理消极执行、选择性执行、乱执行的现实需要。

（三）规范化有助于塑造廉洁的执行队伍

在执行实践中，由于执行不规范，当事人需要联系执行人员才能推动或推迟执行案件的办理，"吃拿卡要"现象不同程度存在，腐蚀了执行队伍的廉洁性。执行规范化就是要求执行人员在分到执行案件之后按照法定的程序在法定的期限内进行财产的查询、控制、处置、案款发放等，做到应为必为，合理规范法官行使自由裁量权的边界和尺度,既无须申请人反复联系执行员催进度,也不给被执行人留有逃避执行制裁的空间,避免执行人员的随意操作和人情案、关系案的发生。执行规范化还要求打破一人包案模式,实行分段执行。一人包案模式是指执行法官负责每一个案件的财产查找、控制、处分、异议审查、裁定决定、信访维稳、结案归档全部流程,弊端是权力过于集中,缺乏监督制约。而分段执行模式则是将执行案件的财产查控、处分等环节分别由不同部门、不同法官负责办理,从而避免权力过于集中,增强监督制约,有助于塑造廉洁的执行队伍。

(四)规范化是建立执行长效机制的关键

为解决执行难,中国曾搞过多次专项行动,但未走出执行难反复回潮的怪圈,究其原因是未建立执行长效机制。专项行动虽然对于清理历史积案、集中整治某一类案件有立竿见影的效果,但是这种运动式执法未对法院的执行工作产生革命性影响,也未留下太多有价值的制度机制。执行长效机制的建立,必须紧紧围绕执行的"一性三化",即强制性和规范化、信息化、阳光化,其中规范化是第一位的,执行强制性的提升、信息化的应用和执行权力运行的公开透明，都必须以规范化为前提，没有规范化，其他都只能流于形式或昙花一现。执行规范化旨在通过制度将执行流程加以明确，并通过信息化将执行流程加以固化，为法院的执行工作确立行业标准。当然，执行规范化、标准化也要尊重执行案件的个性，执行案件受各种因素的影响，执行规范化并非要罔顾执行案件的特殊性而消灭执行人员合理的自由裁量空间。例如，对于查到的财产，按要求进行及时的线上或线下控制，但部分案件如果仅发现小额存款，是否需要控制由承办人决定，或出于执行技巧考虑，暂不对某些银行账户采取冻结措施，以免"打草惊蛇"等。

（五）规范化与执行质效长期呈正相关性

规范化评估着眼于执行过程，而执行质效是从结果对执行工作进行评估，两者应该具有正相关性。一般而言，执行过程规范到位，执行行为应为必为，执行力度必然会提升，长远来看，执行到位率等质效数据会向好。然而，执行质效还受经济形势的影响，在经济下行态势下，即使执行力度加大，执行效果也并不必然理想，因此对于执行评估而言，执行质效指标只能作为评价执行工作的参考，而不能作为考核指标，否则，单纯强调结果导向，势必会导致执行行为变形，导致数据造假。

（六）通过规范化评估改善法院执行生态

执行规范化评估能够从内外两个方面改善执行生态。在法院内部，过去，法院领导普遍将执行部门边缘化，原因在于对执行规范化的认识不足，认为执行工作不需要专业知识，是没有多少技术含量的粗活，配备的执行干警不同程度存在"老弱病残"现象，常把不适应审判工作的各类人员派到执行局。随着执行规范的不断出台和执行案件的日益复杂化，执行规范化评估将促使法院领导对执行工作产生新认识，将规范化作为新时代法院执行工作的必然选择，逐步树立执行规范化理念，从而重视法院的执行工作，优化和保障法院的执行队伍。随着执行案件逐步纳入系统平台进行办理，执行干警的执行观念也发生了深刻变化，流程节点意识有所增强，认识到执行案件的办理面临由粗放式走向规范化的执行道路势在必行。在法院外部，随着执行过程的公开透明和对执行过程的监督参与，案件当事人和人民群众也对执行工作有了一定的理性认识，对于法院穷尽执行措施、应为必为的案件，无论结果如何，都能够给予一定程度的理解和接受。法院执行的规范化、标准化为社会客观评价法院的执行工作提供了衡量尺度。

三 执行规范化评估指标体系

评估组以湖州中院和湖州市质量技术监督局联合发布的《执行工作流程管理规范》为蓝本,结合基本解决执行难规范执行指标,按照中央和地方最新的文件要求,立足于公众以及当事人对执行工作的需求,确定执行规范化评估指标体系。

(一) 设定原则

1. 依法设定原则

依法设定指标体系是法治评估的基本原则。湖州法院执行规范化评估指标体系严格依据法律、法规、司法解释以及浙江省高级人民法院、湖州中院相关司法文件进行设定。2016年至2018年,最高人民法院围绕执行工作中多发易发问题的关键环节,建章立制,先后出台了37个涉及执行的重要司法解释、规范性文件，对变更追加执行主体、财产保全、网络司法拍卖、终结本次执行程序等事项进行了明确规定，厘清了执行人员的权力行使边界，构建了较为完善的执行工作规范体系，增强了执行工作的制度刚性，这些制度文件也是湖州法院执行规范化指标体系的重要依据。浙江省高级人民法院《浙江法院执行实施案件办理指引规范》《关于进一步强化强制执行措施的若干意见（试行）》和湖州中院《关于办理拒不执行判决、裁定刑事案件的会议纪要》也为湖州法院执行规范化评估指标体系提供了重要参考。湖州中院和湖州市质量技术监督局联合发布的《执行工作流程管理规范》则是湖州法院执行规范化评估指标体系的直接依据。《执行工作流程管理规范》对分案、信息核对、网络财产查控、文书制作、传统调查、线下财产查控、移送评估、司法网拍、执行款发放等执行流程节点所要遵循的时限程序进行了明确规定，并集中规定了采取执行惩戒的情形和措施，对终结本次执行程序等不同的结案方式也提出了严格要求。2019年，湖州中院将《执行工作流程管理规范》分解成《执行实施案件流程清单》，在两级法院贯彻执行。

2. 客观中立原则

作为第三方评估，指标体系的设定坚持法律人的立场，秉持客观、中立的原则，既不能简单根据当事人和社会公众的主观满意度判断法院执行工作的规范度，也不能迁就和迎合法院的执行工作方便。执行规范化评估指标体系在设定时，尽量将"好"与"坏"这样主观性、随意性极强的判断标准转化为客观且具备操作性的评估指标，着眼于法院工作人员在办理执行案件时是否"应为尽为"，执行的工作流程是否规范、透明。指标体系一旦确定，评估人员对评估事项仅可做"有"和"无"的判断，而不能凭主观判断"好"与"坏"，最大限度地减少评估人员的自由裁量空间。

3. 过程导向原则

指标体系的设定有过程导向和结果导向两种路径。与通常法院采用执行率、实际到位率等结果数据来考核执行绩效不同，执行规范化第三方评估指标体系的设定坚持过程导向原则，即侧重于对执行过程的评估，全面反映法院的执行工作，凸显法院在执行工作中的义务和责任，通过规范执行行为、减少不作为、克服乱作为，以提升执行工作力度和强度，建立切实解决执行难的长效机制。指标体系在强调过程导向的同时，也甄别和选取少量科学合理的数据作为评价执行效果的参考。

4. 重点突出原则

法院执行是一项非常细致、烦琐的工作，涉及的流程节点众多，指标体系的设定要全面反映法院的执行工作，但不可能涵盖和穷尽每一个细节，要突出重点，抓住影响执行效果的要害和关键环节。为此，基本解决执行难评估指标体系的重点放在了法院查物找人、财产处分、案款发放等环节，并对执行工作中问题最为集中的终本（终结本次执行程序）案件设计了详细严格的指标。

5. 适度前瞻原则

执行规范化评估指标体系的设计既要立足于法院的执行工作实际，体现湖州法院在推进执行工作方面的进展状况，又要与时俱进，提前谋划，设定一些引导性指标，明确未来执行工作方向。为此，项目组在进行指标设计时不局限于湖州市甚至浙江省，而是将目光投向江苏、上海以及其他省市，借鉴国内其他地方创新经验，将符合法理和司法规律的做法转换为可操作的指标。一套立足现实而又具有一定前瞻性的指标体系，将有助于进一步推广湖州法院执行工作的地方标准，为建立人民法院执行工作国家标准提供样本。

（二）指标体系解读

规范执行对执行过程中的关键节点设置了"规定动作"与"限时"要求，以规定时间内做好规定动作为标准，尽量避免拖延执行、消极执行和选择性执行等问题的发生。湖州法院执行规范化指标体系涵盖执行的主要流程，包括"保全实施""核对立案信息""文书发送""网络查控""传统调查""线下财产控制""财产处置""执行款发放""执行惩戒""结案"等10个一级指标。

财产保全是指为保障生效裁判的顺利执行、避免胜诉当事人权利遭受损失，而对当事人处分相关财产予以限制的一种诉讼保障制度。针对司法实践中担保门槛过高、保全财产线索难找等问题，最高人民法院出台了《关于人民法院办理财产保全案件若干问题的规定》。该文件第4条规定，一般情况下，人民法院"裁定采取保全措施的，应当在五日内开始执行"。湖州中院的《执行工作流程管理规范》对财产保全提出更严格的要求，即"财保案件应当自保全裁定出具之日起3日内启动执行"。项目组设置了"保全实施"指标考察诉讼保全裁定实施的及时性，仍然沿用了5日的要求，即保全民事裁定是否在做出之日起5日内启动实施。

为保证执行立案信息的准确性，湖州中院《执行工作流程管理规范》要求核对立案信息，即"书记员逐一核对当事人名称、公民身份证号码、统一社会信用代码，同时检查文书是否生效，执行依据是否明确，执行标的是否准确，是否遗漏或错列当事人等信息。若被执行人为法人及其他组织的，要求其具有法定代表人身份信息及联系方式；若当事人信息有误或不齐的，应在立案当日退回立案庭补正"。项目组在设置指标体系时简化了"核对立案信息"指标，即执行人员要核对立案信息，确保立案信息登记表所记载的执行当事人（名称、证件号码）、执行标的（金钱给付、行为、物、财产权益）等信息准确。

《执行工作流程管理规范》要求，"立案后10个工作日内，制作和发送《执行通知书》，财产报告令，廉政监督卡，冻结、扣划裁定书和限制消费令等文书，并将送达情况录入系统节点，同时将纸质文书附卷"。评估组区分当事人设置"文书发送"指标，考察文书发放的及时性，即执行机构收到案件后10日内是否向申请人发送《进一步强化强制执行措施的若干意见（试行）》，短信告知承办人联系方式；向被执行人发送执行通知书、财产申报令、限制消费令、传票、《进一步强化强制执行措施的若干意见（试行）》等。这里10日的要求，也与浙江省高级人民法院《关于进一步强化强制执行措施的若干意见（试行）》的规定一致，并且根据浙江省高级人民法院的要求，应向申请人和被执行人发送《进一步强化强制执行措施的若干意见（试行）》，彰显落实最严强制执行措施的决心。

及时发起网络查询和控制财产是执行的关键。《执行工作流程管理规范》对网络查控提出具体要求，即"立案后5个工作日内，发起网络财产查询，查询内容包括银行存款、金融理财、电子商务、公安、民政、工商、不动产等项目"。"网络财产查询信息反馈后48小时内由承办人发起冻结。对于实现网上扣划功能的应当扣划至本法院账户；对于有特殊情况无法网上冻结、扣划的案件，应当形成书面报告附卷"。课题组根据上述要求对"网络查控"进行细化，下设"网络查控及时性""实时发起网络冻结""在线及时调查被执行人"3个二级指标："网络查控及时性"要求执行机构收到案件后5日内发起网上查询；"实时发起网络冻结"是指网络查询结果反馈后24小时内对被执行人名下账户有1000元以上且申请执行标的10%以上的银行存款、支付宝账户、财付通账户、本地牌号车辆等可以采取网络冻结措施的财产予以冻结进行网络控制；"在线及时调查被执行人"是指执行机构在收到案件后10日内在线调查被执行人户籍、婚姻、持有的证照、出入境记录等信息。

对于线上无财产或线上财产不足以清偿的执行案件，有必要进行"传统调查"；对于终本案件，在终本结案之前必须进行"传统调查"。为此，项目组专门针对终本案件设计了"传统调查"指标。"传统调查"下设"及时约谈当事人""及时开展被执行人居所地或营业地（在湖州范围内）调查""线下财产调查""及时核实申请人提供的财产线索""终本约谈"等5个二级指标。"及时约谈当事人"要求立案后1个月内约谈当事人，异地的申请人可以电话约谈，了解财产线索，制作执行备忘。"及时开展被执行人居所地或营业地（在湖州范围内）调查"要求立案后1个月内对被执行人居住地（住所地）或营业地进行调查。"线下财产调查"要求立案后1个月内对需线下查控的财产管理部门进行实地调查（在湖州范围内）。"及时核实申请人提供的财产线索"要求对申请人提供的财产线索10日内予以核实或3日内委托核实。"终本约谈"要求终本前约谈听取申请人意见（申请人申请终本的除外）。

无论是线上发现的财产还是线下调查的财产，在无法进行线上控制时，必须及时予以线下控制。"线下财产控制"下设"线下查封湖州范围内的不动产、车辆""线下查封湖州范围内机器设备等动产""异地委托控制"3个二级指标。"线下查封湖州范围内的不动产、车辆"要求查到不动产、车辆之后在7日内进行查封或在查封车辆3日内发出《责令交付通知书》。"线下查封湖州范围内机器设备等动产"要求查到动产之后在7日内进行控制。"异地委托控制"要求异地的财产在查到之后3日内进行异地委托。

  对于查到的动产或不动产要进行财产处置,"执行难"很多时候表现为"变现难"。据初步统计,在查控到的所有财产中,存款只占40%,其余大多要通过评估、拍卖等方式变现后才能向当事人支付。《执行工作流程管理规范》对移送评估、拍卖的期限做出了规定,即"对于机动车及其他动产,符合评估、拍卖条件后15日内移送评估"。"对于不动产,张贴腾房公告,公告期满后强制换锁,符合评估、拍卖条件后15日内移送评估","评拍办收到移送拍卖材料后的10日内挂网拍卖,拍卖动产的,应在拍卖15日前公告;拍卖不动产或者其他财产权的,应在拍卖30日前公告"。项目组综合《执行工作流程管理规范》的规定和实践情况,在"财产处置"指标下设"腾空除权""确定起拍价""制作拍卖裁定并送达""发布拍卖公告""拍卖款全额交付后10日内作出裁定并送达""拍卖财产移交买受人或者承受人"等6个二级指标。"腾空除权"要求不动产查封后30日内完成腾空除权,特殊情形不需要腾空或不能在规定期限内完成的，应履行审批程序。"确定起拍价"要求实际控制财产（不动产在腾空除权后）15日内移送评估或启动询价。"制作拍卖裁定并送达"要求起拍价确定后，在当事人异议期满或异议审查结束后3个工作日内制作拍卖裁定并送达。"发布拍卖公告"要求拍卖裁定送达之后第3至5日内发布拍卖公告。"拍卖款全额交付后10日内作出裁定并送达"要求拍卖款全额交付后10日内作出裁定并送达。"拍卖财产移交买受人或者承受人"要求拍卖确权裁定送达后15日内将拍卖财产移交买受人或承受人。

对于执行款，法院应在执行款到达法院账户30日内发放给申请人，30日未能发放的，应履行审批手续，刑民交叉、拟执行转破产等案款分配争议较大的案件除外。

为落实浙江省高级人民法院关于强化强制执行措施的文件要求，《执行工作流程管理规范》对执行惩戒做出规定，对"拒绝或者不如实申报财产""拒不交付车辆等动产""拒不腾退房屋、土地""违反限消令""隐匿、转移财产以及其他有能力履行而拒不执行"等行为进行执行惩戒，并要求对"作出拘留决定而被执行人下落不明"的，提请公安机关协助查控被执行人。项目组在上述规定的基础上做了细化要求，即对拒绝或者不如实申报财产的被执行人，要在报告财产令发出后1个月内或在查明申报不实之日起10日内采取纳入失信名单、限制出入境、拘留、罚款等强制措施；无正当理由拒不交付车辆等动产的，10日内予以罚款、拘留；拒不腾房的，在腾退期限届满之日起1个月内，予以拘留、罚款或追究刑事责任；违反限消令的，自查明之日起10日内采取拘留、罚款等强制措施；隐匿、转移财产以及其他有能力履行而拒不执行的，在查明被执行人隐匿、转移财产以及其他有能力履行而拒不执行10日内作出拘留决定或1个月内移送公安机关追究刑事责任；对做出拘留决定而被执行人下落不明的，10日内提请公安机关协助控制被执行人。

结案要通知当事人，项目组就执行结案通知书的发送情况设定了指标。鉴于送达难的实际情况，本指标体系中的文书送达会考察文书的发送情况，只要有记录显示法院发送文书即可。"终本文书发送"要求终本裁定于签发后3日内向申请人发送。执行完毕案件应在结案前向双方当事人发送执行结案通知书。

综上，湖州法院执行规范化第三方评估指标体系共设定10个一级指标，29个二级指标，涵盖财产保全、财产申报、财产调查、财产控制、财产评估、财产拍卖、执行款发放等首次执行案件的全流程，并凸显执行惩戒（见表1）。

表1　　　　　　湖州法院执行规范化第三方评估指标体系

一级指标及权重	二级指标及权重
1. 保全实施（5%）	1.1 保全民事裁定作出之日起5日内启动实施（5%）
2. 核对立案信息（5%）	2.1 确保立案信息登记表信息准确（5%）
3. 文书发送（5%）	3.1 文书发放的及时性（5%）
4. 网络查控（10%）	4.1 网络查控及时性（4%）
	4.2 实时发起网络冻结（4%）
	4.3 在线及时调查被执行人（2%）
5. 传统调查（15%）	5.1 及时约谈当事人（3%）
	5.2 及时开展被执行人居所地或营业地（在湖州范围内）调查（8%）
	5.3 线下财产调查（2%）
	5.4 及时核实申请人提供的财产线索
	5.5 终本约谈（2%）
6. 线下财产控制（10%）	6.1 线下查封湖州范围内的不动产、车辆（10%）
	6.2 线下查封湖州范围内机器设备等动产
	6.3 异地委托控制
7. 财产处置（30%）	7.1 腾空除权（3%）
	7.2 确定起拍价（6%）
	7.3 制作拍卖裁定并送达（6%）
	7.4 发布拍卖公告（6%）
	7.5 拍卖款全额交付后10日内作出裁定并送达（3%）
	7.6 拍卖财产移交买受人或者承受人（6%）
8. 执行款发放（10%）	8.1 执行款发放及时性（10%）
9. 执行惩戒（5%）	9.1 拒绝或者不如实申报财产（5%）
	9.2 拒不交付车辆等动产
	9.3 拒不腾退房屋、土地
	9.4 违反限消令
	9.5 隐匿、转移财产以及其他有能力履行而拒不执行
	9.6 提请公安机关协助控制被执行人
10. 结案（5%）	10.1 终本文书发送（3%）
	10.2 执行完毕文书发送（2%）

注：由于实行案卷抽查的方式，部分二级指标并非常规执行行为，适用该指标的案件不易抽到，因此，此类指标未设权重。

四 评估对象、方法与评估结果

（一）评估对象与方法

湖州法院执行规范化第三方评估的评估对象为湖州中院及其下辖的吴兴、南浔、德清、长兴、安吉5个基层法院。评估方法以案卷评查为主，兼采取系统数据分析和文件资料梳理。本次评估共调取执行保全、执行完毕、终本、经过评估拍卖的案件四类案卷，结案日期为2019年1月1日至11月30日，每一类案卷调取20个，从20个里面随机选取10个进行评查。评估过程坚持真实性、中立性、常态化的原则，即评估是为了推动执行工作，因此侧重对法院日常执行工作的评估，而非突击检查，任何为应付评估而进行的数据造假（含违规更改案卷信息等），一旦查实，将进行零分警示，并在评估报告中点名通报。评估对象所提供的素材、数据均经过保密审查，并保证所提供数据的准确性。

项目组由咨询团队、专家团队、测评团队和复核团队组成。咨询团队由来自中国社会科学院法学研究所和社会学研究所以及北京大学、清华大学、中国人民大学、中国政法大学等高校的专家组成，负责指标体系论证、评估报告论证等工作；专家团队由十名资深科研人员组成，主要负责指标体系研发、数据分析和报告撰写工作；测评团队由学术助理和研究生共计十人组成，在核心专家团队的指导下从事数据的采集和处理工作；复核团队由十名研究人员组成，主要负责数据的复查、验证和清洗工作。

（二）评估结果

项目组通过案卷评查和系统数据分析发现，2019年，执行干警逐步认识到执行模式由粗放走向规范化的必然性，逐渐接受了执行规范化理念；能够及时全面发送文书，及时进行线上财产查控和财产处置，案款发放及时、手续完备；终本结案进一步严格。从得分来看，被评估的6家中基层法院平均得分为88.95分，南浔法院以91.50分排名第一，湖州中院与德清法院并列第三（见表2）。

表2　　　　　　　　湖州法院执行规范化第三方评估指数

排名	评估对象	分数
1	南浔法院	91.50
2	长兴法院	90.65
3	湖州中院	90.15
	德清法院	90.15
5	安吉法院	87.15
6	吴兴法院	84.10

五 成效：执行办案规范度明显提升

（一）保全及时源头缓解执行压力

最高人民法院《关于人民法院办理财产保全案件若干问题的规定》要求有保全内容的民事裁定自做出之日起5日内启动实施。项目组在基本解决执行难的评估中发现，由于法院内部的流转环节较多，有保全内容的民事裁定难以做到5日内启动实施。为确保保全裁定在5日内启动实施，湖州法院加强了诉讼保全案件流程管理，保全案件的实施由执行局集中办理，加快了内部不同部门之间的流转。实践证明，采取诉讼保全的案件，到了执行环节，大大提高了执行效率，缓解了执行压力。对湖州法院执行规范化评估结果显示，2019年，在6家评估对象抽查的60件执行保全案件中，只有1家法院的2个案件超期，合格率在97%，其他 5 家法院的保全案件的合格率为 100%。

（二）确保信息准确提升数据质量

立案信息输入不准确、不完整，将给案件的后续执行带来不少麻烦。实践中，一些法院信息不准确的也不在少数。湖州法院高度重视对执行立案信息准确性管理。案卷评查结果显示，2019 年，6 家法院的立案信息登记表记载的执行当事人信息、执行标的信息未发现错误，该项指标全部得满分。长兴法院的执行案卷有《立案庭执行案件信息点输入核对单》，输入人会当日核对，核对人当日或第二日核对。

（三）线上查控及时保障执行效率

在"案多人少"的压力下，随着被执行人的财产在网络时代越发分散和多样化，以人工查询为主的传统执行模式不堪重负、难以为继，网络执行查控体系的建立健全有助于减轻法官的工作强度，提高执行效率，实现执行工作模式的重大变革。

案卷评查结果显示，在被评估的 6 家中基层法院中，基本是在立案当日或第二日启动网络查询；实时发起网络冻结，即在网络查询结果反馈后 24 小时内对被执行人名下账户有1000元以上且申请执行标的10%以上的银行存款、支付宝账户、财付通账户、本地牌号车辆等可以采取网络冻结措施的财产予以冻结进行网络控制；在线及时调查被执行人户籍、婚姻、持有的证照、出入境记录等信息。为了确保及时启动网络查询，提高查询效率，湖州法院在执行指挥中心安排专人在收案后第一时间发起网络查询。例如，南浔法院、德清法院会在立案当日或第二天，交给查控人进行集中查控，卷宗内有《财产集中查控交接表》。

（四）强化执行措施提高执行效果

长期以来，执行的强制性不足、震慑力不够，严重制约了执行工作的顺利开展。湖州中院细化执行惩戒规定，即对拒绝或者不如实申报财产的被执行人，在报告财产令发出后1个月内或在查明申报不实之日起10日内采取纳入失信名单、限制出入境、拘留、罚款等强制措施；无正当理由拒不交付车辆等动产的，10日内予以罚款、拘留；拒不腾房的，在腾退期限届满之日起1个月内，予以拘留、罚款或追究刑事责任；违反限消令的，自查明之日起10日内采取拘留、罚款等强制措施；隐匿、转移财产以及其他有能力履行而拒不执行的，在查明被执行人隐匿、转移财产以及其他有能力履行而拒不执行10日内做出拘留决定或1个月内移送公安机关追究刑事责任；对做出拘留决定而被执行人下落不明的，10日内提请公安机关协助控制被执行人。湖州两级法院加大了强制执行力度，效果显著。一是在发送文书时，给当事人发送浙江省高级人民法院《进一步强化强制执行措施的若干意见（试行）》，让申请人知晓可以监督执行过程中是否采取了强制执行措施，也有助于震慑被执行人，晓以利害，早日履行义务。评估发现，长兴法院对于2019年5月之后的案件，给当事人发送《进一步强化强制执行措施的若干意见（试行）》呈常态化。二是对于拒不履行的被执行人采取罚款、司法拘留等措施，直至追究刑事责任。评估发现，在采取强制执行措施之后，不少案件得到顺利执行。例如，长兴法院在办理（2019）浙0522执1368号案件时，对拒收文书的被执行人以拒不履行为由予以罚款、司法拘留，被执行人在收押的第二天具结悔过，履行完毕。南浔法院在办理（2019）浙0503执1428号案件时，对被执行人采取罚款、拘留等处罚，被执行人在拘留期间履行执行义务。德清法院在办理（2019）浙0521执2046号、（2019）浙0521执1200号案件时，对被执行人做出司法拘留决定，被执行人在拘留期间均履行了执行义务。吴兴法院在办理（2018）浙0502执2357号案件时，对撕毁封条、拒不腾退的被执行人依法移送公安机关追究拒执罪。

2019年4月，浙江省高级人民法院出台《进一步强化强制执行措施的若干意见（试行）》，明确几种强制执行措施的情形，即"被执行人或其他相关人员拒不腾退涉案房屋、土地的，执行人员应当在腾退期限届满之日起一个月内，根据情节轻重予以罚款、拘留、移送公安机关追究刑事责任"，"被执行人拒不报告财产、虚假报告财产、违反限制消费令，经采取罚款、拘留等强制执行措施后仍拒不执行的，应当在一个月内移送公安机关追究刑事责任"，"被执行人或其他相关人员具有非法处置查封、扣押、冻结的财产、虚假诉讼等抗拒执行行为之一，情节轻微尚不构成犯罪的，应当在10日内作出拘留决定；情节严重涉嫌犯罪的，应当在一个月内移送公安机关追究刑事责任"。2019年，湖州法院建立"自诉为主、公诉为辅"常态化打击拒执罪工作机制。2019年7月，湖州中院联合公安、检察、司法行政机关共同出台《关于建立健全办理拒不执行判决、裁定案件自诉与公诉衔接机制的会议纪要》（湖中法〔2019〕55号），2019年8月，浙江省高级人民法院向全省全文转发学习。该会议纪要强调办理拒不执行判决、裁定罪的刑事案件，应当坚持以下原则：坚持法定原则，确保准确、及时地查明犯罪事实，平等适用法律，保障当事人的各项诉讼权利；坚持分工负责、互相制约原则，侦查、起诉、审判机关要遵照《刑事诉讼法》的规定履行职责，行使权力；坚持公诉和自诉并重原则，既要重视移送案件的办理效果，又要加大鼓励、引导和指导当事人提起刑事自诉的力度；坚持证据采集相互协作原则，依法全面调取、核实能够证明案件真实情况的事实，有效实现证据转化；坚持程序公开原则，依法接受人民检察院和社会各界监督。该会议纪要进一步明确"有能力执行而拒不执行"的情形，并对"被执行人等义务主体在裁判文书生效后有各种收入的证据""被执行人除基本生活支出外有高消费或有其他不当财产处置行为的证据"进行列举。该会议纪要还进一步明确"情节严重"的情形，即"在人民法院向被执行人等义务主体发出执行通知书、报告财产令，采取公布失信、限制高消费、拘留或者罚款等措施后仍未履行的"。

2019年度，湖州法院全年拒执犯罪立案188件（公诉32件、自诉156件），结案170件（公诉32件、自诉138件），均列浙江省第一。另外在143件涉嫌拒执的案件中，有103件案件的被执行人慑于追究刑事责任的压力，通过自动履行、主动和解的方式，避免了危害后果的发生，该部分未进入刑事诉讼程序。尤其难得的是，一部分被执行人在法院刑事立案前，尽管能够主动履行裁判文书确定的义务,但因其在执行程序中实施了拒绝执行、串通转移资产等行为,依然未能逃脱刑事制裁,彰显了湖州法院打击拒执、维护法律权威的决心和担当。

(五) 部分法院重视财产申报制度

根据《民事诉讼法》的规定,被执行人有义务进行财产申报。为保障该项制度的落实,《民事诉讼法》还进一步规定了制裁措施,即人民法院可以根据情节轻重对拒绝报告或者虚假报告的被执行人予以罚款、拘留。被执行人对于自己的财产状况最为清楚,财产申报本应该成为提升执行效率最为有力的手段,然而长期以来财产申报制度形同虚设,原因在于人民法院很少对拒不申报和申报不实进行惩戒。为激活财产申报制度,2018年5月,最高人民法院下发《关于进一步规范近期执行工作相关问题的通知》,要求对逾期报告、拒绝报告、虚假报告的被执行人或相关人员,依法采取罚款、拘留等强制措施,构成犯罪的,依法追究刑事责任。2019年4月,浙江省高级人民法院《进一步强化强制执行措施的若干意见(试行)》规定,被执行人拒不报告财产又不履行执行义务的,在《执行通知书》和《报告财产令》发出后一个月内采取纳入失信被执行人名单；限制出入境，或者责令交出出入境证照、宣布证照作废等；罚款、拘留。

案卷抽查结果显示，被评估的6家中基层法院全部依法向被执行人发出《报告财产令》；吴兴法院、南浔法院和德清法院对拒不申报财产的被执行人均采取了罚款、拘留措施，对拒不申报的强制措施实施率为100%，其中吴兴法院抽查的10个执行完毕的案件中，只有3个案件超期采取了强制执行措施，如期采取强制执行措施率为70%；南浔法院和德清法院如期采取强制执行措施率为50%。

（六）涉案财产处置变现规范高效

在执行被执行人财产时，直接通过银行账户扣划的案件占比很小，绝大多数案件需要经过拍卖、变卖等形式进行财产处置、变现。评估结果显示，湖州法院普遍重视财产处置的规范性和效率。首先，及时确定起拍价（保留价）。案卷评查显示，湖州中院及下辖法院抽查的60个执行案件中，有59个执行案件在实际控制财产（不动产在腾空除权后）之后15日内会移送评估或启动询价。其次，及时制作拍卖裁定并送达。案卷评查显示，湖州中院及下辖法院办理拍卖案件时，普遍做到了起拍价确定后在当事人异议期满或异议审查结束后3个工作日内制作拍卖裁定并送达。再次，及时发布拍卖公告。案卷评查显示，湖州中院及下辖法院会在拍卖裁定送达之后第3至5日内发布拍卖公告。最后，及时将拍卖财产移交买受人或者承受人。案卷评查显示，湖州中院及下辖法院会在拍卖确权裁定送达后15日内将拍卖财产移交买受人或承受人。需要说明的是，尽管项目组在设定指标体系时严格设定了上述期限，但是在评估时考虑到评估拍卖案件的复杂性，评估尺度有所放宽。

（七）执行款管理规范、发放及时

过去，执行管理粗放是执行工作混乱的重要因素，而执行款发放不及时，是执行中最需要规范的领域。执行案款管理涉及当事人切身利益，与解决执行难息息相关，是最能影响当事人感受，关乎司法公信的重要环节。前些年，法院不设执行款专户，或者即使设立专户，执行案款也往往掺杂其他的暂存款、"过路款"。这种粗放、混乱的案款管理方式，造成部分执行案款长期滞留法院，甚至存在对发放执行款物设置障碍以及挪用、侵占、贪污执行款物等违法犯罪问题。为了加强案款管理，确保执行队伍廉洁，2016年3月，最高人民法院和最高人民检察院联合下发了《关于开展执行案款集中清理工作的通知》，决定对全国法院2015年12月31日前已经收取但尚未发放的执行案款开展集中清理活动，推广"一案一账号"的精准管理制度，构建案款清理工作长效机制。

案卷评估结果显示，借助"一案一账号"，湖州法院执行实现了对执行案款的精细化管理，解决了执行工作中执行款项不明和发还不及时的问题，降低了执行法官的廉政风险。根据法律规定，执行案款应在一个月内发放，不能及时发放的，应当说明理由并经领导审批。案卷抽查结果显示，湖州中院及下辖法院都做到了执行案款到账一个月内发放给申请人。

（八）协同执行整合湖州区域资源

对于基层法院而言，在现有的人、财、物的条件下，其执行能力经过信息化和机制创新已经基本接近极限，传统的执行管理体制已经不能适应新时期的工作状态，需要进一步挖掘执行潜能，建立一套区别于审判的、能够满足执行管理行政性强的管理体制，在更大范围内（全市乃至全省）实现资源统筹，以提高执行的效率，缓解案多人少矛盾。为此，2019年5月，湖州中院出台《关于进一步加强全市法院执行协同管理的若干意见》，以资源统筹为切入点，实现了全市两级法院互联互通，真正形成了全市执行一盘棋的格局。湖州中院在横向和纵向两个方面实现全市执行资源管理的扁平化：纵向，实现上下级法院提级执行、指定执行、交叉执行；横向，实现兄弟法院之间工作协调、争议解决、参与分配、协助执行、委托执行等跨区域的执行事务。另外，湖州中院联合湖州市委宣传部、湖州市银监局建立浙江省首个地市级失信被执行人网络曝光平台——"法鉴·湖州法院执行在线"，嵌入"信用湖州"，实施失信惩戒，统筹推进全市社会诚信体系建设，得到最高人民法院周强院长的批示肯定。

六　问题：执行工作流程管理有待进一步规范

（一）约谈当事人实施不到位

除非被执行人下落不明，执行人员办理执行案件，应该于立案后1个月内约谈当事人，对于异地的申请人，也可采取电话约谈的形式了解财产线索，制作执行备忘。项目组在每个法院抽查了10个终本案件，评查结果显示，有的法院约谈当事人实施不到位。例如，抽查的吴兴法院10个终本案件中，只有2个案件显示在立案1个月内约谈了当事人，8个案件无任何记录，占80%。抽查的湖州中院10个终本案件中，只有2个案件显示在立案1个月内约谈了当事人，2个案件超期约谈，6个案件无任何记录，占60%。

（二）终本案件线下调查不足

尽管线上财产查控给执行模式带来革命性变革，但是传统的实地调查仍有必要性，尤其是对于终本案件，线下调查更是必需。线下调查包括及时开展被执行人居所地或营业地（在湖州范围内）调查和线下财产调查，即立案后1个月内对被执行人居住地（住所地）或营业地进行调查和需线下查控的财产管理部门进行实地调查（在湖州范围内）。为增强线下调查力量，湖州中院在全市推行了"驻庭分片执行对接综治全科网格"的工作机制，但效果尚未充分显现。案卷评估结果显示，除了德清法院比较重视传统调查之外，其他5个法院不同程度存在线下调查不足的问题。例如，抽查的长兴法院10个终本案件，30%的案件存在启动线下调查超期的问题；抽查的南浔法院10个终本案件，有60%的案件存在启动线下调查超期的问题；抽查的安吉法院10个终本案件，有80%的案件存在启动线下调查超期的问题，还有1个案件未进行线下调查；抽查的湖州中院10个终本案件，有40%的案件未进行线下调查，还有1个案件存在启动线下调查超期的问题；抽查的吴兴法院10个终本案件均未进行线下调查。

（三）拒不申报制裁力度不够

评估发现，湖州中院、长兴法院、安吉法院对拒不申报财产的被执行人的制裁力度不够。在抽查的10个执行完毕的案件中，被执行人均未申报财产，但是湖州中院、长兴法院都仅在两个执行案件中对被执行人做出司法拘留制裁，制裁率为20%。从抽查的执行完毕案件来看，安吉法院对拒不申报的被执行人的制裁率也为20%，并且还超过财产报告令发出的一个月的时间要求。对于执行完毕案件，也有观点认为，案件终归已经执行完毕，没有必要对拒不申报的被执行人采取制裁措施。对此，项目组认为，即使案件最终得到顺利执行，但是毕竟是未履行法院判决在先，占用和浪费司法资源，侵害了胜诉人的时间利益，因此，仍应该对拒不申报的被执行人进行制裁，这样既可以激活财产申报制度，也会对拟不履行法院判决的当事人有所震慑，长远来看，有助于从源头上减少案件进入执行阶段。评估也发现，抽查的德清法院10个有评估拍卖的案件中，4个案件的被执行人进行了财产申报，财产申报率为40%，这在一定程度上与德清法院强化对拒不申报财产的被执行人的制裁力度大不无关系。

（四）执行流程标准有待统一

首先，文书发送标准不统一。执行案件在立案之后，法院会给双方当事人送达法律文书，一般情况下给申请人送达的有《受理通知书》《外网密码告知书》《申请人权利义务及执行风险告知书》《廉政监督卡》；给被执行人送达的有《传票》、《执行通知书》、《告知书》（网上查询的密码）、《财产申报令》、《廉政监督卡》、《限制消费令》等。《浙江省高级人民法院关于进一步强化强制执行措施的若干意见（试行）》要求，执行机构收到执行案件后，应当立即启动执行程序，并在10日内向被执行人发出《执行通知书》；向被执行人发出《报告财产令》《限制消费令》。湖州中院和湖州市质量技术监督局联合发布的《执行工作流程管理规范》要求，立案后10个工作日内，制作并发送《执行通知书》，财产报告令，廉政监督卡，冻结、扣划裁定书和限制消费令等文书；立案庭7日内审查立案，并向申请执行人送达《受理申请执行案件通知书》《外网查询及裁判文书上网告知书》《廉政监督卡》等法律文书。根据浙江省高级人民法院的要求，2019年4月份以后立案的案件，还应送达《进一步强化强制执行措施的若干意见（试行）》。评估发现，湖州中院及下辖法院在文书送达方面存在一定的差异。例如，南浔法院立案之后会给申请人发送《提供被执行人财产线索通知书》，长兴法院则没有。南浔法院还会给被执行人送达《缴纳执行款通知单》。南浔法院会在确定被执行人未按《执行通知书》的规定履行执行义务，才会送达《限制消费令》。吴兴法院将《阳光司法告知书》《廉政监督卡》《外网密码告知书》整合为《阳光司法告知书》。吴兴法院、湖州中院在送达《报告财产令》时均附《被执行人财产报告表》，其格式不尽相同。

其次，归档项目不一致。就终本案件而言，卷宗内会有《终本裁定书》《终本审批单》，有的法院会有《执行日志》《执行事项告知书》，但是不同法院填写的尺度差别很大，例如，长兴法院《终本审批单》中的"执行简况"栏目填写内容过于简单，只写"终结本次执行程序"，未简述案件的执行情况；《执行日志》多为手工填写，字体不易辨认；《终本裁定书》对执行过程的描述仅限于网络查询，有的卷宗里有实地调查的图片，但是《终本裁定书》并未将实地调查记录在案。相比之下，湖州中院、德清法院、安吉法院的《终本裁定书》内容翔实，《执行日志》节点详细、清晰，《结案审批表》内的"执行情况"栏目，内容较为详细。南浔法院的终本案件，执行人员一般会前往被执行人居住地进行实地调查,如果被执行人下落不明,会张贴公告征集举报线索。南浔法院的终本卷宗里会归档实地调查的照片,并配有打印的文字说明,有执行员和书记员的签字、日期,比较规范。《终本裁定书》的内容更加翔实。《执行日志》为打印,比较清晰,有书记员签名。与长兴法院的《执行事项告知书》类似,德清法院是《执行情况告知书》,南浔法院是《财产查控结果通知书》。南浔法院多数卷宗还有《案件自查表》。吴兴法院的《执行日志》过于简单,失去回溯案件的意义。

(五)少量卷宗信息存在错误

评估发现,少量卷宗存在信息错误,有的是日期前后不一致,有的是文书信息不完整或错误。例如,南浔法院(2019)浙0503执1368号卷宗,其封面上结案日期是10月31日,而里面结案的审批表记载的结案日期为10月30日;(2019)浙0503执1736号卷宗,其结案日期为10月29日,但是《执行日志》上打印的结案日期是9月29日,应该是打印错误。(2019)浙0503执1428号卷宗内部结案表中结案时间是9月20日,卷宗封面是9月23日。德清法院(2019)浙0521执594号评估拍卖案件,卷宗里附的德清法院的拍卖裁定，无落款、无签署日期，且落款处为评估公司的公章。

（六）结案文书发送仍有短板

项目组选择两类结案方式评估结案文书发送情况。评估结果显示，有的法院对结案文书发送重视不够。例如，吴兴法院，抽查的10个终本案件中，有5个案件的终本裁定书发送超期，即超过了签发后3日向申请人发送，占50%；湖州中院有4个案件的终本裁定书发送超期，占40%。对于执行完毕的案件，应在结案前向当事人发送结案通知书。评估结果显示，安吉法院，10个执行完毕的案件，有8个案件仅向一方当事人发送了结案通知书，占80%；有2个案件的卷宗未找到结案通知书的发送凭证，占20%。德清法院，10个执行完毕的案件，有2个案件仅向一方当事人发送了结案通知书，占20%；有5个案件的卷宗未找到结案通知书的发送凭证，占50%。

七 展望与建议：加强顶层设计，统一执行标准

解决执行难，除了需要破釜沉舟、背水一战的决心和勇气，更需要通过实证调查和理性分析寻求有效的解决路径。湖州法院在规范执行的过程中，存在约谈当事人有待进一步加强、终本案件线下调查比较薄弱、拒不申报制裁力度仍显不够、执行流程标准有待统一等问题，这些问题在全国具有普遍性，因此加强顶层设计、统一执行标准势在必行。近年来，最高人民法院非常重视法院工作标准化，明确指出推进法院标准化建设是一项打基础、利长远的工作，对于完善审判权运行机制、破解审判工作中的难题、统一司法裁判标准、提升司法能力和司法公信力，都具有积极的促进作用。在全国范围内确立执行行业标准，具有四方面的优势。其一，确立执行行业标准，能够对执行进行准确定位和分类，确立执行难的范畴。其二，

确立执行行业标准，能够有效规范执行人员的执行行为，压缩自由裁量权的空间并规范其行使。其三，确立执行行业标准，能够最大限度挖掘法院的执行资源，提升法院的执行力度。其四，执行行业标准为社会客观评价法院的执行工作提供了衡量尺度。

（一）树立并强化规范执行理念

经过基本解决执行难的攻坚战，在全国来看，虽然广大执行干警的执行规范意识有所提升，但是，仍有少数基层法院领导和执行干警解放思想不到位，存在惯性思维和路径依赖，办理执行案件唯结果论，认为执行案件只要能够执行到真金白银，过程是否规范可以不论，为了效率可以牺牲规范。还有些法院由于案件体量大，而现行的法院评价体系又过分强调结案率，因此，一些法院认为在案多人少压力下，可以降低对执行规范化的要求，为了按时结案执行过程不规范也是可以理解的，在没有足够的人员保障的情况下，执行规范细化有时还可能影响办案的实际效果。规范执行的确会耗费更多的人力物力和时间成本，但是规范执行所要求的应为必为，并非脱离案件实际情况的机械地事无巨细、面面俱到，在申请人提供执行线索而无法通过线上核查的情况下，执行案件无财产可供执行拟进行终结本次执行程序的情况下，才要求进行现场核查、走访，这种情况下的核查走访是必要的，并不会影响实际的执行效果。案多人少，可以通过办案团队化、信息化以及引入市场机制和社会力量等寻找出路，而不应该成为执行不规范的托词。

理念是行动的先导。从法院领导到普通执行人员，都应该树立和强化执行规范化的理念，规范化是法院工作的特点和要求，是破解执行难的客观需要，执行行为规范化也有助于维持执行队伍廉洁，建立执行长效。执行规范化意味着在办理执行案件的过程中要根据案件需要及时采取查询、控制、处置等行为，并依法对失信被执行人采取曝光、限制消费、拘留、罚款等惩戒措施，可以有效避免消极执行、迟延执行和选择性执行，有助于取得良好的执行效果，也与执行效率并行不悖。

（二）碎片化执行规范亟待整合

执行工作的不规范在一定程度上与强制执行立法的不完善有关。为规范执行，最高人民法院出台了一系列司法解释和规范性文件，这些制度文件为广大执行干警规范办理执行案件提供了制度依据，弥补了执行制度漏洞，地方法院也积极探索，颁布具有创新性的制度文件。但是由于统一的司法强制执行法缺位，现有的执行制度呈现碎片化，给执行人员学习领会相关文件精神、掌握统一的执行尺度造成困难，也造成部分执行规范的落实不理想，仍存在打折扣现象。为此，一些地方法院开始整合相关制度，出台行为指引，如《浙江法院执行实施案件办理指引规范》《上海市高级人民法院关于金钱债权执行实施案件流程管理的规定》《上海市高级人民法院执行人员行为基本规范》。为规范执行，宁波镇海法院借鉴企业管理中的"标准作业程序"（SOP）理论，树立标准理念，实施"说明书"制度，共编写完成"执行说明书"52个。然而，要终结碎片化、打补丁式的执行规范，还有待从中央立法治本，出台民事强制执行法。现阶段，制定强制执行法的条件已经基本具备，应加快推进民事强制执行法的立法工作，建立符合我国国情和实际的执行法律体系，为推动执行规范化建设奠定坚实的法律基础。

（三）强化法院系统内部衔接机制

评估发现，一些法院之所以存在节点超期等问题，是因为法院内各部门之间配合衔接不畅，例如，保全裁定由审判庭做出，经立案庭立执保案号，再交由执行局具体实施保全,故从审判庭做出裁定到执保立案、再到具体负责保全实施的执行局流转,往往会出现超期。再如,部分法院的评估拍卖管理部门与执行部门存在衔接问题,一些体现委托评估、评估报告到达司鉴处、评估费缴纳、移交给承办人等节点的材料未及时整理反馈到执行卷宗中。为此,必须加强管理,畅通法院内部衔接机制,建立立、审、执协调的管理体制。

(四) 推广和完善询价议价机制

传统上,委托评估是确定财产处置参考价的主要形式,而评估收费高、评估不及时、评估价格过低或过高均会影响到财产及时合理变现。为了简化评估环节,提高财产处置效率,2018年6月,最高人民法院及时推广地方创新经验,通过《关于人民法院确定财产处置参考价若干问题的规定》(法释〔2018〕15号)明确在保留委托评估这一传统的确定财产处置参考价方式的基础上,新增了当事人议价、定向询价、网络询价三种确定财产处置参考价的方式。自此,财产评估方式迎来重大变革,将大数据引入评估定价环节,大大提升执行效率,降低评估成本,促使财产尽快变现,切实高效实现申请人合法权益。评估发现,湖州法院在财产处置时，仍以委托评估为主，询价机制应用不足。2019年全国法院上线运行询价评估系统，该系统与三家网络询价平台对接，在线推送财产信息、实时反馈询价评估结果。这一系统的上线使用，形成了人民法院确定财产处置参考价工作的新模式，确保评估环节公开、透明、高效。随着市场样本的不断丰富，未来，除了厂房、收藏品等不易确定价格的拍卖品之外，像商品房、车辆等市场价格比较透明的拍卖品，应该推广和不断完善议价询价机制。

（五）适当放宽终本的适用范围

终结本次执行程序的实质是本次执行程序进行不下去而予以暂时结案，其存在的目的是解决程序问题。为了严格终本结案，司法解释对适用终本的范围严格限定在无财产案件，对于"发现的财产无法处置"只规定了两种情况，一是发现的财产经拍卖变卖，当事人不同意以物抵债，且无法进行强制管理的；二是车辆等动产已办理查封手续而未实际扣押的。但实践当中，这两种情形不能覆盖所有无法处置的情况。（1）当案件申请执行人不同意以物抵债（如金融机构），且根据市场行情及财产性质，启动评估拍卖流拍的可能性较大的，如依职权强行启动处置，根据现行司法拍卖的规定，评估费用将由申请执行人垫付。因此此类申请执行人均不同意启动处置程序，法院启动处置程序除了费用问题外，还浪费有限的人力物力资源；除此以外，如果财产上还有其他优先权，在待处置财产价值大，而执行标的或优先权小的情况下，当事人则更不愿意在以物抵债过程中拿出大量资金偿付超出标的价值或兑付优先权，因此也不同意处置。（2）对于特定类型的财产，如非上市公司的股权，因需要先审计再评估，垫付费用较高，且股权价值不确定，处置风险较高，如当事人不同意处置并垫付费用，法院依职权处置将来如股权无价值，则相关审计评估费用由谁来承担。（3）各级法院特别是中级以上法院可供处置的财产中，大多数为房地产，实践中，一房二卖或一房多卖的情况时有发生，法院一旦启动处置程序，有些案外人不走案外人异议的法定程序，转而通过到当地党委政府信访等方式形成维稳信访事件，并将压力传导至法院，使财产难以处置。建议对财产不能处置的内容扩大范围，并对无益处置做出明确规定。

（六）完善"拒执罪"的制度设计

违法成本过低是被执行人逃避执行的重要原因，因此，增大违法成本、严厉制裁拒执行为，是保障当事人合法权益、树立法律权威的必经之路。在执行实践中，被执行人擅自转移、处分被人民法院查封的财产（特别是机器设备等动产）的情况不时出现，对此类妨害法院强制执行的情形如何惩戒，以及在惩戒的同时如何顺利、有效地推进执行，是人民法院面临的现实问题。拒执罪的全称是刑法第313条规定的"拒不执行判决、裁定罪"，是指对人民法院生效判决、裁定负有执行义务的人，有能力执行而拒不执行、逃避执行，情节严重的行为。广义的拒执类犯罪还包括刑法第314条所规定的"非法处置查封、扣押、冻结的财产罪"，是指隐藏、转移、变卖、故意毁损已被司法机关查封、扣押、冻结的财产，情节严重的行为。拒执类犯罪行为严重妨碍人民法院的执行工作，危害了申请人的合法权益。追究拒执犯罪，目前最大的问题是，法律规定过于原则，构罪要件过于苛刻，对照之下，真正构成拒执犯罪的情形寥寥无几。若非各省大多都作了些扩大的解释，最高人民法院要求的加大对拒执犯罪打击力度应该很难落实。《全国人大常委会关于〈中华人民共和国刑法〉第三百一十三条的解释》规定"有能力执行而拒不执行，情节严重"主要指："被执行人隐藏、转移、故意毁损财产或者无偿转让财产、以明显不合理的低价转让财产……致使判决、裁定无法执行。"概言之，符合"有能力拒不执行"和

"致使判决无法执行"两个条件,才构成拒执罪,实践中同时符合这两个条件的情形几乎是没有的,要么是没有履行能力,如果有履行能力,一般不会导致"致使判决无法执行"的结果。因此,要加大追究拒执罪的力度,须对刑法第313条重新解释,或修改条文。

(七) 加强对规避执行的深度调研

执行工作已经基本解决了被执行人现有财产的查找问题,但对于被执行人在执行阶段甚至是诉讼阶段就提早恶意转移、隐匿财产的行为,在追查上缺乏有效手段、审核上缺乏专业能力、认定上欠缺法律依据。对于实践中大量存在的公司个人财产混同或是认缴资金未到期、利用关联公司转移财产等情况,现行执行法律法规中没有明确解决途径,执行法官缺乏法律依据、指导案例对规避执行行为予以认定和制裁,影响案件的执行到位。在明显存在利用公司面纱恶意规避执行的情况下,执法成本过高、解决途径复杂、时效严重滞后的问题不容忽视。应对规避执行行为加强调研,出台相应惩治办法或指导案例,以解决实际困难,统一执法尺度。

（八）尝试建立差异化执行模式

在案多人少的情况下，将有限的资源平均分配到所有案件类型上是不科学的也是不现实的。为了缓解办案压力，可以根据案件性质，对案件实行差异化执行，在职权主义和当事人主义之间寻找平衡。第一类以职权主义为主，当事人主义为辅，主要涉及交通事故等侵权案件，涉及工资等民生保障类等案件，要求在现有基础上，应为尽为，甚至深挖彻查。第二类普通执行案件，主要针对一般商事纠纷，申请人在法院只有个别的借贷纠纷，强调职权、当事人主义二者并行。第三类以当事人主义为主，职权主义为辅，涉及资产包、金融债权、网络借贷等商事纠纷，强化申请人的举证责任。

（九）建立科学的执行考核体系

2017年11月，最高人民法院提出建立单独的执行质效考核体系，但是在目前执行结案率还在法院结案率的大盘子里的情况下，执行单独考核体系就无法真正建立。结案率的考核也会伤害执行规范化，不科学的考核指标会造成数据造假，也容易造成三年基本解决执行难的成果流失，因此必须将执行考核与审判考核分开，建立科学的、符合执行规律的单独考核机制。建立科学的考核指标体系，必须着眼于执行过程的规范化和应为必为。执行工作可以从多个维度进行评估，而规范化是评估法院执行工作的首要维度，这是由司法工作的性质、破解执行难的需要、维持执行队伍廉洁、建立执行长效机制决定的，并且从长远来看，执行规范化与执行质效呈正相关性。规范化评估着眼于执行过程，而执行质效是从结果对执行工作进行评估。一般而言，执行过程规范到位，执行行为应为必为，执行力度必然会提升，长远来看，执行到位率等质效数据会向好。然而，执行质效还受经济形势等外部环境的影响，在经济下行态势下，即使执行力度加大，执行效果也未必理想。因此科学的执行考核不能唯结果论，执行质效指标只能作为评价执行工作的参考和校验，而不能作为考核指标，否则，结果导向会扭曲和异化执行行为，带来数据注水造假。

（十）依托信息化实现执行规范化

用两到三年基本解决执行难，可以靠集中执行化解历史积案，可以举全法院之力和全国执行干警加班加点夜以继日换来执行质效的提升，然而无论是集中行动还是举全院之力，抑或加班加点，都是不可持续的。为了防止法院执行难反弹或者为了切实解决执行难，必须建立执行长效机制。执行长效机制的建立必须凸显执行的一性三化，即强制性、规范化、信息化、阳光化，其中信息化又是有效提升强制性、规范化和阳光化的重要保障。与审判工作相比，执行工作具有节点多、所涉部门多、案件种类多、管理难度大等特点，要消除法院消极执行、选择性执行、乱执行现象，除了进行制度规范之外，还有必要借助信息化手段，将执行案件纳入流程管理系统，压缩执行人员的自由裁量空间，将执行权关入"数据铁笼"。《人民法院执行工作纲要（2019—2023）》提出"以信息化实现执行模式的现代化"，即"进一步推进现代信息科技在执行领域的广泛、深度应用，全面提升执行信息化、智能化水平，实现执行管理监督模式、执行保障模式、执行查控模式、执行财产变现模式现代化"。

执行的每个环节都离不开信息化系统，唯有信息化，才能将制度规定的程序用流程节点加以固化，并生成标准的文书模板，实现执行规范化；唯有信息化，才能提升查人找物能力，提高执行效率，将节约的资源用于规范执行；唯有信息化，将失信被执行人名单嵌入联动单位的工作流程系统，才能实质性推动执行联动，凸显执行强制性；唯有信息化，才能促进执行案件全程透明，扩大失信曝光面，提升宣传效果；唯有信息化，才能更好保障和落实区域协同执行机制；唯有信息化，建立智慧融合的执行系统，实现无纸化执行，才能提升数据准确度。另外，为了建立长效机制需要进行制度创新，而有些制度创新也离不开信息化的发展。例如，执行团队化是一项重要的执行长效机制，符合执行规律，也能化解案多人少矛盾，但是该项机制的有效运行一方面对人员素质和配合制度提出较高的要求，另一方面需要基于网络查控结果对执行案件进行繁简分流并对执行流程进行优化。如果基础信息系统不完善，查控系统反馈不及时，会影响执行案件的繁简分流工作机制，进而影响执行团队化改革的顺利进行。

附 录

附录一　湖州市中级人民法院执行工作流程管理规范

1　范围

本标准规定了湖州法院执行工作的术语和定义、执行综合管理、执行业务管理、执行监督评价方面的管理要求。本标准适用于湖州法院执行工作中的规范化管理。

2　规范性引用文件

下列文件对于本文件的应用是必不可少的。凡是注日期的引用文件，仅注日期的版本适用于本文件。凡是不注日期的引用文件，其最新版本（包括所有的修改单）适用于本文件。

法〔2014〕99号　最高人民法院印发《关于执行指挥系统建设的指导意见的通知》

浙高法〔2017〕35号《浙江省高级人民法院关于加快执行指挥中心和执行服务专区建设的通知》

法释〔2015〕5号《最高人民法院关于适用〈中华人民共和国民事诉讼法〉的解释》

法释〔2015〕17号《最高人民法院关于限制被执行人高消费及有关消费的若干规定》

《最高人民法院关于司法拍卖网络服务提供者名单库的公告》

法释〔2004〕16号《最高人民法院关于人民法院民事执行中拍卖、变卖财产的规定》

法释〔2017〕7号《最高人民法院关于公布失信被执行人名单信息的若干规定》

法明传〔2017〕455号《最高人民法院关于认真做好网络司法拍卖与变卖衔接工作的通知》

湖中法〔2018〕52号《关于办理拒不执行判决、裁定刑事案件的会议纪要》

法发〔2017〕2号 最高人民法院印发《关于执行案件移送破产审查若干问题的指导意见》的通知

法发〔2017〕6号 最高人民法院印发《关于执行款物管理工作的规定》的通知

法发〔2014〕26号《最高人民法院关于执行案件立案、结案若干问题的意见》

法释〔2015〕10号《最高人民法院关于人民法院

办理执行异议和复议案件若干问题的规定》

3 术语和定义

下列术语和定义适用于本文件。

3.1 执行指挥中心

执行指挥中心集拼接屏显示系统、远程视频会议系统、单兵系统、执法记录系统、执行案件信息管理系统、应急服务调度平台系统等于一体,实现法律文书制作、被执行人财产查控、执行流程节点录入、执行信息公开、突发事件处理决策、执行协调指挥等多功能。

3.2 执行事务大厅

执行事务大厅集执行办事引导、案件查询、来访接待等多功能于一体。

3.3 "点对点"查询

由浙江省高级人民法院负责与浙江省公安厅、浙江省工商行政管理局、中国人民银行浙江省分行、浙江省民政厅等部门对接建立,实现对浙江省范围内的银行存款、金融理财、车辆、不动产、工商登记、民政信息等网上查询、冻结。

3.4 "总对总"查询

由最高级人民法院负责与公安部、工商总局、各家全国性银行、部分地方性银行、全国不动产登记机关等部门对接建立，实现对全国范围内的银行存款、金融理财、车辆、不动产、工商登记等网上查询、冻结、扣划。

3.5 终结本次执行程序

人民法院对已向被执行人发出执行通知、责令被执行人报告财产、发出限制消费令，并将符合条件的被执行人纳入失信被执行人名单，穷尽财产调查措施，仍未发现被执行人有可供执行的财产或发现的财产不能处置的，可以以终结本次执行程序方式结案。

3.6 承办人

负责办理执行案件的具体人员。主要承担财产调查、控制，法律文书制作、送达，采取强制执行措施等职责。

4 执行综合管理

4.1 执行事务大厅管理

4.1.1 办事引导

执行事务大厅窗口工作人员对上门办理执行事务

的群众进行引导分流，并根据不同办理事项按以下要求执行：

——对于反映执行案件的，由大厅窗口工作人员联系案件承办人，承办人在岗的由其本人进行接待；承办人不在岗的，由大厅窗口工作人员进行来访事项登记，在3个工作日内转交承办人，承办人与来访群众取得联系后将信息反馈给窗口工作人员登记备查。

——对反映涉执信访案件的，由大厅窗口工作人员联系执行局信访专办人员，信访接待按"4.1.3条款"执行。

——对于缴纳执行款物的，由大厅窗口工作人员联系书记员，由书记员引导至财务处办理手续。

4.1.2　案件查询

4.1.2.1　对于上门了解案件的来访群众，由大厅窗口工作人员协助查询以下（但不限于）案件公开信息：

——案号；

——公开的裁判文书；

——限制消费情况；

——失信被执行人名单纳入、屏蔽情况等。

4.1.2.2　终结本次执行程序案件的申请执行人要求查询案件情况的，大厅窗口工作人员联系案件承办人，由承办人发起网络财产查控，并将查控结果书面反馈给申请执行人。

4.1.3 来访接待

4.1.3.1 信访专办人员负责对来信、来电、来访的涉执信访接待，并做好台账登记，可以当场予以答复的当场答复；不能当场予以答复的，由信访专办人员协助案件承办人做好矛盾化解工作。

4.1.3.2 确定每月第一周的周三为执行工作集中接待日，由执行人员集中接待案件当事人。

4.2 执行指挥中心管理

4.2.1 基本要求

执行指挥中心的建设按照最高人民法院印发《关于执行指挥系统建设的指导意见的通知》和《浙江省高级人民法院关于加快执行指挥中心和执行服务专区建设的通知》规定的要求执行。

4.2.2 立案信息核对

书记员逐一核对当事人名称、公民身份证号码、统一社会信用代码，同时检查文书是否生效，执行依据是否明确，执行标的是否准确，是否遗漏或错列当事人等信息。若被执行人为法人及其他组织的，要求其具有法定代表人身份信息及联系方式；若当事人信息有误或不齐的，应在立案当日退回立案庭补正。

4.2.3 立案信息发送

分案后 2 个工作日内,通过浙江法院执行管理系统短信告知申请执行人立案信息、承办人联系方式等。

4.2.4 法律文书制作

立案后 10 个工作日内,制作和发送《执行通知书》,财产报告令,廉政监督卡,冻结、扣划裁定书和限制消费令等文书,并将送达情况录入系统节点,同时将纸质文书附卷。

4.2.5 网络财产查控

4.2.5.1 立案后 5 个工作日内,发起网络财产查询,查询内容包括银行存款、金融理财、电子商务、公安、民政、工商、不动产等项目。

4.2.5.2 网络财产查询信息反馈后 48 小时内由承办人发起冻结。对于实现网上扣划功能的应当扣划至本法院账户;对于有特殊情况无法网上冻结、扣划的案件,应当形成书面报告附卷。

4.2.5.3 对于拟终结本次执行程序案件的,应当在结案前 10 个工作日内由承办人再次发起网络财产查询,确保被执行人无财产可供执行。

4.2.6 布控管理

4.2.6.1 承办人对核准或撤销人员、车辆布控的案件统一制作《实施网上布控呈批表》,交领导审核通过后,进行布控。

4.2.6.2 根据备勤制度，建立布控备勤小组，备勤车辆、手机、执法记录仪等设备由指挥中心统一调度管理。

4.2.7 **失信名单管理**

4.2.7.1 承办人根据《最高人民法院关于公布失信被执行人名单信息的若干规定》的要求，集中发布或屏蔽、撤销最高人民法院失信被执行人名单。

4.2.7.2 承办人每周四搜集失信被执行人信息交执行宣传工作负责人在人流密集场所大屏幕、法院外网等媒介集中曝光纳入失信被执行人名单的被执行人信息。

4.2.7.3 承办人对失信被执行人采取定制或解除失信彩铃，并建立备案台账。

4.2.8 **执行惩戒管理**

对拘留、提前解除拘留、罚款和移送追究刑事责任的信息，统一录入系统相关节点并进行台账登记。

4.2.9 **终本案件管理**

4.2.9.1 对于终结本次执行程序的案件，终本案件管理人在结案后的五年内，每六个月通过网络执行查控系统查询一次被执行人的财产，并将查询结果告知申请执行人。

4.2.9.2 对于终本后查询有财产的或申请执行人提供财产线索的，并符合恢复执行条件的，终本案件管理人应当及时告知承办人,恢复执行。

4.2.10 远程调度指挥

执行指挥中心应配备液晶屏幕、执行指挥车车载系统、单兵系统等设施,实现指挥中心与执行现场之间的音、视频实时通信,并通过双向对讲系统实现远程调度与指挥。

4.2.11 远程会议会商

4.2.11.1 按最高人民法院技术部门要求,中心安装会议视频系统,实现上下级四级法院同步会议和远程会商。

4.2.11.2 指挥中心专职人员提前登记会商预约,实现与其他法院的视频会商,会商完成后,将会商结果记录到系统中。

4.2.11.3 执行指挥中心应与公安拘留所矛盾化解室建立远程视频系统,实现远程矛盾调解。

4.2.12 执行队伍管理

4.2.12.1 指挥中心专职人员核准、更新、统计执行队伍人员信息。

4.2.12.2 指挥中心专职人员设置执行管理系统人员角色,进行权限控制。

4.2.12.3 指挥中心专职人员维护全省执行干警通讯录及执行地图。

4.2.13 值班巡检管理

4.2.13.1 指挥中心专职人员落实值班巡检人员,

定期导入值班计划，并完成每日值守签到。

4.2.13.2 指挥中心专职人员值守期间确保应急服务调度平台及时签到。

4.2.14 **执行事项督办**

4.2.14.1 执行督办以执行办案业务数据统计分析结果和监控点为基础，分析各项管控指标异常，全市法院应及时处理，实时展现和监控督办工作全过程。

4.2.14.2 对直接督办的事项，被督办法院指定指挥中心专职人员在规定期限内办理完成，并及时反馈处理结果。

4.2.14.3 对逐级督办的事项，中级法院执行指挥中心应及时转发至被督办法院执行指挥中心并进行跟踪管理，被督办法院执行指挥中心应在规定期限内处理督办案件，并反馈处理结果。

4.2.15 **信访事项处理**

4.2.15.1 信访专办人员对来电、来访的信访材料进行登记并甄别，同时制作信访台账。

4.2.15.2 信访专办人员对上级法院分办的信访案件转相关执行监督机构处理，并将处理结果及时录入系统进行反馈。

4.2.15.3 信访专办人员对本院办理的信访案件进行核查，并甄别信访类型，同时摸排有重大维稳隐患的信访案件，建立台账并层报领导。

4.2.16 执行委托办理

4.2.16.1 委托事项协作联络人员处理本法院委托事项发起、核查、跟踪、转办和回复。

4.2.16.2 委托事项协作联络人员处理委托、受托过程中产生的催办、投诉等事宜，并对委托事项办理情况进行评价。

4.2.17 上报下达办理

4.2.17.1 执行指挥中心专职人员及时接收并转发上级法院发送的执行相关司法解释、明传、通知、公示公告、通报等消息。

4.2.17.2 执行指挥中心专职人员按通知要求及时完成上报数据统计、调研报告等综合工作。

4.2.18 执行数据管理

4.2.18.1 指挥中心专职人员对数据进行基础统计，统计项目包括执行案件质效统计、综合管理统计。

4.2.18.2 对于追究拒执类犯罪数据、拘留罚款数据、查控数据等其他业务系统的数据，指挥中心专职人员建立台账。

4.2.19 事项请求发起

对于执行督办系统、案件管理、网络司法拍卖、财产查控、失信惩戒、执行公开、执行委托、执行信访、网络舆情等问题，由指挥中心专职人员统一向最高人民法院申请事项请求。

4.3 执行公开管理

4.3.1 执行评估、拍卖公开

4.3.1.1 评估、拍卖服务商公开按《最高人民法院关于司法拍卖网络服务提供者名单库的公告》相关规定执行。

4.3.1.2 拍卖前信息公开和二拍前信息公开按《最高人民法院关于人民法院网络司法拍卖若干问题的规定》相关规定执行。

4.3.1.3 变卖前信息公开按《最高人民法院关于认真做好网络司法拍卖与网络司法变卖衔接工作的通知》相关规定执行。

4.3.2 重大限制措施告知

4.3.2.1 限制消费令告知按《最高人民法院关于限制被执行人高消费及有关消费的若干规定》相关规定执行。

4.3.2.2 罚款、拘留告知按《最高人民法院关于适用〈中华人民共和国民事诉讼法〉的解释》相关规定执行。

4.3.2.3 移送拒执类犯罪告知按《关于办理拒不执行判决、裁定刑事案件的会议纪要》相关规定执行。

4.3.2.4 执行转破产告知按最高人民法院印发《关于执行案件移送破产审查若干问题的指导意见》

的通知相关规定执行。

4.3.3 执行款物处置告知

执行款物处置告知按最高人民法院印发《关于执行款物管理工作的规定》的通知相关规定执行。

4.3.4 失信被执行人公开

失信被执行人公开按《最高人民法院关于公布失信被执行人名单信息的若干规定》相关规定执行。

5 执行业务管理

5.1 立案审查

5.1.1 对符合条件的申请，立案庭 7 日内审查立案，并向申请执行人送达《受理申请执行案件通知书》、《外网查询及裁判文书上网告知书》、《廉政监督卡》等法律文书。不符合受理条件的，7 日内裁定不予受理。

5.1.2 人民法院受理执行申请后，当事人对管辖权有异议的，应当自收到《执行通知书》之日起 10 日内提出。

5.1.3 执行局局长于立案之日起 24 小时内，进行案件繁简甄别并分案。

5.1.4 书记员自分案之日起 48 小时内核对案件信息，如有错误退回立案庭重新立案。

5.2 财产查控

5.2.1 财产查询

5.2.1.1 承办人应当自立案之日起一个月内约谈当事人,了解可供执行的财产线索及被执行人的还款意向。

5.2.1.2 执行实施案件应当于案件信息确认5日内发起网络集中查询,网络查询不到的,一个月内实施传统查询。

5.2.1.3 财保案件应当自保全裁定出具之日起3日内启动执行。

5.2.2 有财产可供执行

5.2.2.1 查询到存款的,且存款数额相对较大的,48小时内采取冻结、扣划措施。

5.2.2.2 查询到不动产的,7日内到不动产中心采取查封措施(需要异地控制的除外)。同时,承办人应进行现场勘查,并及时交付评估、拍卖处置。

5.2.2.3 查询到机动车的,7日内采取查封措施(需要异地控制的除外),已被实际控制的,扣押并及时评估、拍卖处置。

5.2.2.4 查询到机器设备等动产的,7日内对机器设备等动产现场清点查封,并建立查封清单(需要异地控制的除外)。

5.2.2.5 查询到股权、支付宝、股票、工资等其他财产的，5日内采取冻结措施（需要异地控制的除外）。

5.2.3 暂无财产可供执行

5.2.3.1 被执行人到庭的，组织双方调解，并视情况制作调查笔录、和解协议。

5.2.3.2 被执行人经传唤不到庭的，列入失信被执行人，限制出入境，实施布控，实施罚款、拘留等强制措施。

5.2.3.3 符合执行转破产条件的，执行法院按照《关于执行案件移送破产审查若干问题的指导意见》及时移送破产审查，并在破产受理前，不停止对被执行人财产的处置工作。

5.3 财产处置

5.3.1 符合处置条件的财产

5.3.1.1 对于机动车及其他动产，符合评估、拍卖条件后15日内移送评估。

5.3.1.2 对于不动产，张贴腾房公告，公告期满后强制换锁，符合评估、拍卖条件后15日内移送评估。

5.3.2 强制腾房

5.3.2.1 腾房前准备

5.3.2.1.1 腾房公告到期后，承办人通过现场调查、走访等方式对拟腾退房屋的外部结构、内部构造、装修设施、占有情况等充分调查了解，并形成书面调查报告及腾退预案，交局领导及分管院长签批。

5.3.2.1.2 强制腾房行动前，应至少提前7日向拟腾退房产所在地的乡镇、街道及政法委进行报备，并联系公安机关安排警力参与强制腾退，联系执行监督员及执行联络员见证腾房。

5.3.2.1.3 对拒不腾退房产的被执行人及案外人，应列入失信被执行人、限制高消费、实施司法拘留，情节严重的应移送公安机关追究刑事责任，并对涉案房产实施停水、停电、停气等措施。

5.3.2.2 腾房中执行

5.3.2.2.1 强制腾房行动应通过执行指挥中心实时跟踪指挥，执法记录仪同步记录摄像，腾房行动全程记录留痕，影像资料刻录归卷。

5.3.2.2.2 大型强制腾房行动应安排公证机构公证员现场进行公证，并出具公证书，保证腾房行动的公正公信。

5.3.2.2.3 聘请专业家政公司实施搬运工作，管控搬运流程，监督搬运行为。腾房搬运应使用印有"湖州市××人民法院腾房专用"字样的纸箱、编织袋，每个打包包裹均张贴法院封条，并制作物品清单。

5.3.2.2.4 大型腾房行动应邀请媒体跟踪拍摄报

道，并通过互联网平台、法院官网等渠道以文字和图片结合方式实时直播。

5.3.2.3　腾房后保障

5.3.2.3.1　聘请保安公司看管厂房，将厂房腾空后，由安保公司派驻保安对厂房进行 24 小时看管，直至厂房拍卖成交。

5.3.2.3.2　租赁专用仓库，将强制腾房搬出的物品存放于专用仓库保管。

5.3.2.3.3　符合条件的被执行人或案外人可申请执行周转房，符合条件的，免费提供执行周转房使用。使用期限为 1 年，需要继续使用的提交申请，经批准后可继续使用。

5.3.3　网络司法拍卖

5.3.3.1　需要启动评估的案件，应在 30 日内移送评估，并在收到评估报告后 5 日内送达双方当事人及其他利害关系人，告知其可以在收到评估报告后 10 日内以书面形式提出异议。

5.3.3.2　评拍办收到移送拍卖材料后的 10 日内挂网拍卖，拍卖动产的，应在拍卖 15 日前公告；拍卖不动产或者其他财产权的，应在拍卖 30 日前公告。

5.3.3.3　网络司法拍卖的事项应在拍卖公告发布 3 日前以书面或者其他能够确认收悉的适当方式，通知当事人、已知优先购买权人。无法通知的，应当在网络司法拍卖平台公示并说明无法通知的理由，公示满 5 日视为已经通知。

5.3.3.4　当事人及其他利害关系人对评估报告无异议或者异议已有结论的，应在 30 日内启动拍卖程序。

5.3.3.5　一拍流拍的，应在 30 日内再次拍卖，拍卖动产的应在拍卖 7 日前公告；拍卖不动产或者其他财产权的应在拍卖 15 日前公告。二拍流拍的，由同一拍卖平台进行网络变卖。

5.3.3.6　暂缓拍卖期限届满或者中止拍卖的事由消失后，需要继续拍卖的，应在 5 日内恢复拍卖。

5.3.3.7　拍卖成交后，买受人预交的保证金充抵价款，其他竞买人预交的保证金应在 3 日内退还；拍卖未成交的，保证金应于 3 日内退还竞买人。

5.3.3.8　拍卖成交或者以流拍的财产抵债的，人民法院应作出裁定，并于价款或者需要补交的差价全额交付后 10 日内，送达买受人或者承受人。

5.3.3.9　人民法院裁定拍卖成交或者以流拍的财产抵债后，除有依法不能移交的情形外，应于裁定送达后 15 日内，将拍卖的财产移交买受人或者承受人。被执行人或者第三人占有拍卖财产应移交而拒不移交的，强制执行。

5.4 执行异议审查

5.4.1 当事人、利害关系人认为执行行为违反法律规定的，可以提出书面异议。人民法院应自收到书面异议之日起 15 日内审查，理由成立的，裁定撤销或者改正；理由不成立的，裁定驳回。

5.4.2 执行过程中，案外人对执行标的提出书面异议的，人民法院应自收到书面异议之日起 15 日内审查，理由成立的，裁定中止执行；理由不成立的，裁定驳回。案外人、当事人对裁定不服，认为原判决、裁定错误的，依照审判监督程序办理；与原判决、裁定无关的，可以自裁定送达之日起 15 日内向人民法院提起诉讼。

5.4.3 执行异议符合规定条件的，人民法院应在 3 日内立案，并在立案后 3 日内通知异议人和相关当事人。不符合受理条件的，裁定不予受理；立案后发现不符合受理条件的，裁定驳回申请。

5.4.4 执行异议申请材料不齐备的，人民法院应一次性告知异议人在 3 日内补足，逾期未补足的，不予受理。

5.4.5 执行法院收到执行异议后 3 日内既不立案又不作出不予受理裁定，或者受理后无正当理由超过法定期限不作出异议裁定的，异议人可以向上一级人民法院提出异议。

5.4.6 案外人对执行标的提出的异议，经审查异议不成立的，裁定驳回其异议；理由成立的，裁定中止执行。驳回案外人执行异议裁定送达案外人之日起15日内，法院不得对执行标的进行处分。

5.5 执行复议案件审查

5.5.1 执行异议人对不予受理或者驳回申请裁定不服的，应自裁定送达之日起10日内向上一级人民法院申请复议。上一级人民法院审查后认为符合受理条件的，应当裁定撤销原裁定，指令执行法院立案或者对执行异议进行审查。

5.5.2 被限制出境的人认为对其限制出境错误的，应自收到限制出境决定之日起10日内向上一级人民法院申请复议。上一级人民法院应当自收到复议申请之日起15日内作出决定。复议期间，不停止原决定的执行。

5.5.3 当事人不服驳回不予执行公证债权文书申请的裁定的，应自收到裁定之日起10日内向上一级人民法院申请复议。上一级人民法院应当自收到复议申请之日起30日内审查，理由成立的，裁定撤销原裁定，不予执行该公证债权文书；理由不成立的，裁定驳回复议申请。复议期间，不停止执行。

5.5.4 当事人、利害关系人对执行异议裁定不服的，应自裁定送达之日起 10 日内向上一级人民法院申请复议。

5.5.5 针对不同复议情况，按以下要求执行：

——对不服异议裁定的复议申请审查后，异议裁定认定事实清楚，适用法律正确，结果应予维持的，裁定驳回复议申请，维持异议裁定；

——异议裁定认定事实错误，或者适用法律错误，结果应予纠正的，裁定撤销或者变更异议裁定；

——异议裁定认定基本事实不清、证据不足的，裁定撤销异议裁定，发回作出裁定的人民法院重新审查，或者查清事实后作出相应裁定；

——异议裁定遗漏异议请求或者存在其他严重违反法定程序的情形，裁定撤销异议裁定，发回作出裁定的人民法院重新审查；

——异议裁定对应当适用《民事诉讼法》第二百二十七条规定审查处理的异议，错误适用《民事诉讼法》第二百二十五条规定审查处理的，裁定撤销异议裁定，发回作出裁定的人民法院重新作出裁定。

5.5.6 执行复议审查后，除发回重新审查或者重新作出裁定的情形外，裁定撤销或者变更异议裁定且执行行为可撤销、变更的，应当同时撤销或者变更该裁定维持的执行行为。人民法院对发回重新审查的案件作出裁定后，当事人、利害关系人申请复议的，上一级人民法院复议后不得再次发回重新审查。

5.6 执行惩戒

5.6.1 对必须接受调查询问的被执行人、被执行人的法定代表人、负责人或者实际控制人，经依法传唤无正当理由拒不到场的，应采取布控、拘传措施。

5.6.2 被执行人拒绝报告或者虚假报告财产的，应根据情节轻重对被执行人或者其法定代表人、有关单位的主要负责人或者直接责任人员予以罚款、拘留。

5.6.3 被执行人或案外人拒不腾退房屋的，应对被执行人或案外人实施拘留、罚款措施。情节严重，构成犯罪的，追究其刑事责任。

5.6.4 被执行人违反限制消费令进行消费的，应对被执行人予以拘留、罚款；情节严重，构成犯罪的，追究其刑事责任。

5.6.5 被执行人有隐匿、转移财产，抗拒执行等拒不执行行为的，应对被执行人、被执行人的法定代表人、负责人或者实际控制人实施司法拘留、罚款、限制出入境、限制高消费、纳入失信被执行人名单等措施。经采取罚款或者拘留等强制措施后仍拒不执行的，移送公安机关追究刑事责任。

5.6.6 协助执行义务人拒不协助执行或者妨碍执

行，给申请执行人造成损失的，应依法对相关责任人予以罚款、拘留。情节严重，构成犯罪的，追究其刑事责任。

5.6.7 申请执行人、案外人以暴力、威胁或者其他方法阻碍司法工作人员执行职务的（例如在人民法院哄闹、滞留，不听司法工作人员劝阻等情形），人民法院可以根据情节轻重予以罚款、拘留；情节严重，构成犯罪的，依法追究刑事责任。

5.7 执行结案

5.7.1 执行到位案件

5.7.1.1 案件以执行完毕方式结案，向申请执行人及被执行人发送执行结案通知书。

5.7.1.2 执行款到账后可直接支付的，在30日内支付申请执行人，需要制作分配方案的，告知其15日内提出异议的权利。30日内暂时无法支付的报执行局长审批后提存。

5.7.2 无财产可供执行案件

5.7.2.1 核实核查是否完成存款、车辆、不动产、公安、工商等"点对点"、"总对总"系统查控全覆盖，重点核实是否完成调查、传唤、拘传、悬赏执行这四类传统调查工作；确保对被执行人纳入限制消费系统，确保对被执行人进行约谈，告知执行案件情况。符合法律规定的条件下，对被执行人采取布控、列入失信被执行人名单、限制出入境等措施。

5.7.2.2 对符合条件的法人移送破产或对有拒执行为的个人或法人的主要负责人以涉嫌拒不执行裁定罪移送公安部门。

5.7.2.3 确无财产可供执行的案件属于执行不能案件，立案后满3个月向申请执行人发送执行情况告知书，及终结本次执行程序裁定书，案件以终结本次执行程序方式结案。

5.7.2.4 终结本次执行程序裁定书送达申请执行人后，执行法院应在5日内将相关案件信息录入最高人民法院建立的终结本次执行程序案件信息库，并通过该信息库统一向社会公布。

5.7.2.5 案件终结本次执行程序后，发现新的财产线索应当及时恢复执行。

5.7.3 **其他方式结案**

以其他方式结案的主要有以下形式：

——终结执行；

——销案；

——不予执行；

——驳回申请。

6 执行监督评价

6.1 监督机制

建立常态化的监督机制,对执行综合管理和执行案件管理进行实时监督,对不按规定要求提供现场服务或执行过程中不符合执行规范要求的,应责令改正,并进行实时记录与整改跟踪。

6.2 投诉处理

6.2.1 加强对执行部门纪律作风的监督检查,由纪检监察部门受理执行部门纪律作风方面的监督投诉意见,并向社会公开监督投诉电话。

6.2.2 纪检监察部门在接到投诉后,应当通过询问、调取同步录音录像等方式对投诉问题进行核实,对发现的问题,根据人民法院有关纪律处分的规定进行处理。

6.2.3 纪检监察部门应将核实和处理情况向投诉人反馈,并向相关部门提出加强内部监督管理的意见建议。

6.3 评价考核

6.3.1 执行综合管理工作的评价考核按照《执行

综合管理考核指标》的要求执行。

6.3.2 执行案件管理工作的评价考核按照《执行案件质效考核指标》的要求执行。

附录二 浙江省高级人民法院关于进一步强化强制执行措施的若干意见（试行）

(2019年4月11日浙江省高级人民法院审判委员会第2766次会议通过)

为加强民事执行的强制性、规范性，依法惩戒逃避执行、抗拒执行行为，敦促被执行人主动履行生效法律文书确定的义务，根据诉讼法和相关司法解释规定，结合实际，制定本意见。

一、执行机构收到执行案件后，应当立即启动执行程序，并在10日内完成以下事项：

1. 向被执行人发出《执行通知书》；

2. 向被执行人发出《报告财产令》、《限制消费令》；

3. 财产网上查控以及被执行人户籍、婚姻、持有的证照、出入境记录等信息的调查。

二、被执行人应当按照《执行通知书》、《报告财产令》的要求立即履行债务或者报告财产。拒不报告财产又不履行的，在《执行通知书》和《报告财产令》发出后一个月内采取下列措施：

1. 纳入失信被执行人名单；

2. 限制出入境，或者责令交出出入境证照、宣布证照作废等；

3. 罚款、拘留。单位为被执行人，可视情同时对该单位的法定代表人、主要负责人、影响债务履行的直接责任人员、实际控制人予以罚款、拘留。

三、被执行人报告财产不实，应当在查明之日起10日内，对被执行人予以罚款、拘留。

四、被执行人应当遵守《限制消费令》的规定。被执行人违反《限制消费令》，执行法院应当自查明之日起10日内予以罚款、拘留。

五、执行法院发出查封、扣押裁定书、责令交付通知书后，被执行人应当按照要求将指定的车辆等动产移交执行法院。拒不移交的，在10日内予以罚款、拘留。

确有正当理由无法移交的，被执行人应当向执行法院书面报告车辆等动产的权属和占有、使用等情况。

六、被执行人或其他相关人员拒不腾退涉案房屋、土地的，执行人员应当在腾退期限届满之日起一个月内，根据情节轻重予以罚款、拘留、移送公安机关追究刑事责任。

七、被执行人拒不报告财产、虚假报告财产、违反限制消费令，经采取罚款、拘留等强制执行措施后仍拒不执行的，应当在一个月内移送公安机关追究刑事责任。

八、被执行人或其他相关人员具有非法处置查封、扣押、冻结的财产、虚假诉讼等抗拒执行行为之一，情节轻微尚不构成犯罪的，应当在10日内作出拘留决定；情节严重涉嫌犯罪的，应当在一个月内移送公安机关追究刑事责任。

九、对作出了拘留决定而被执行人又下落不明的，10日内提请公安机关协助控制被执行人。

十、罚款、拘留可以单独适用，也可以合并适用。

同一案件中发生新的妨害执行事由的，可以重新予以罚款、拘留。

对个人的罚款金额，一般不少于人民币一千元。对单位的罚款金额，一般不少于人民币五万元。

在拘留期间被执行人具有积极履行债务等认错悔改情形的，可以责令具结悔过，提前解除拘留。

十一、应当采取强制执行措施而不采取的，依法依纪追究承办人责任。

具有特殊情形暂不宜采取强制执行措施的，应当报经批准。具体情形另行制定。

十二、本意见适用于金钱给付类民事执行案件。

同一被执行人在同一执行法院内具有系列执行案件，可以基于其中一个案件实施本意见的强制执行措施，强制执行措施的材料在其他案件中备案。

十三、本意见自二〇一九年五月一日起施行。

附录三　关于建立健全办理拒不执行判决、裁定案件自诉与公诉衔接机制的会议纪要

（湖中法〔2019〕55号）

随着人民法院执行强制性的日益凸显和司法机关打击拒执行为力度的不断增强，尤其在浙江省高级人民法院出台《进一步强化强制执行措施的若干意见（试行）》以后，通过拒执打击敦促自动履行的社会效应正在形成。为进一步顺畅程序衔接、细化证据标准、统一法律适用尺度，鼓励当事人通过自诉程序追究相关拒执主体的刑事责任，市中级法院、市检察院、市公安局、市司法局就追究拒不执行判决、裁定刑事案件的有关问题进行了会商研讨并达成共识，现纪要如下：

一、打击拒执犯罪的目的是为了推动形成"自动履行为主、强制执行为辅"的执行工作新格局。当前

的主要任务是要建立"公诉与自诉协调运行"的拒执追刑工作机制,提高打击拒执犯罪覆盖面和震慑力。为此,人民法院要发挥好主体责任,在党委的统一领导下,协调公安机关、检察机关、司法行政机关等职能部门,强化责任担当,形成工作合力。

二、办理拒不执行判决、裁定罪的刑事案件,应当坚持以下原则:

1. 坚持法定原则,确保准确、及时地查明犯罪事实,平等适用法律,保障当事人的各项诉讼权利;

2. 坚持分工负责、互相制约原则,侦查、起诉、审判机关要遵照《刑事诉讼法》的规定履行职责,行使权力;

3. 坚持公诉和自诉并重原则,既要重视移送案件的办理效果,又要加大鼓励、引导和指导当事人提起刑事自诉的力度;

4. 坚持证据采集相互协作原则,依法全面调取、核实能够证明案件真实情况的事实,有效实现证据转化;

5. 坚持程序公开原则,依法接受人民检察院和社会各界监督。

三、人民法院的判决、裁定生效后,被执行人等义务主体的各项收入除维持正常的基本生活消费支出外,应优先履行相关义务。"有能力执行而拒不执行"

除现有立法解释、司法解释规定的情形外，还应包括以下有证据证明有收入却怠于履行判决、裁定确定义务的情形，或者存在违反人民法院限制高消费规定的支出，在人民法院发出执行通知书、财产报告令或者采取其他执行强制措施后仍不履行的：

（一）被执行人等义务主体在裁判文书生效后有各种收入的证据主要包括：

1. 银行账户交易明细显示有可供履行义务的进账、余额的；

2. 有固定或不固定工资或劳动收入的；

3. 从事经营活动有经营性收入的；

4. 有固定资产收益，或者设施、设备等动产有租金等收入的；

5. 发生继承、受赠、征地拆迁等补偿性收入的；

6. 有其他可供执行的收入的。

（二）被执行人除基本生活支出外有高消费或有其他不当财产处置行为的证据主要包括：

1. 购买、新建、翻修住宅或经营性场所，租赁高档写字楼、豪华住宅，住宿星级以上（含等价位的其他非星级）宾馆的；

2. 为自己、配偶及共同居住的子女、父母等人购买、租赁车辆的；

3. 为子女婚嫁花费、赠送大量财产、金钱，高规格举办宴席的；

4. 有支出较大的外出度假行程的；

5. 经常性进入高档餐厅，美容、健身或娱乐等场所消费的；

6. 子女就读高级私立学校（幼儿园），或者参加钢琴、舞蹈等非教育必要培训班的；

7. 购买投资性保险及理财产品，合伙投资入股或购买股票的；

8. 有雇请保姆、保洁人员（家政）等开支的；

9. 乘坐飞机、高铁及动车一等以上座位或软卧、二等舱以上轮船的；

10. 经常性消费500元以上高档酒，40元以上香烟或使用3000元以上手机等物品的；

11. 以明显低于市场的价格转让、变卖、赠送财产，在合伙经营及债权债务转让、离婚事宜中放弃财产权利的；

12. 偿还未经法定程序确认、未进入执行程序的其他债务的；

13. 长期使用他人名下非生产经营必需的汽车等其他可认定为高消费的行为。

若存在上述情形，在人民法院向被执行人等义务主体发出执行通知书、报告财产令，采取公布失信、限制高消费、拘留或者罚款等措施后仍未履行的，可以认定为"情节严重"的情形。

四、人民法院移送公安机关追究拒不执行判决、裁定罪的刑事案件，依照 2018 年 5 月 8 日湖州市中级人民法院、湖州市人民检察院、湖州市公安局《关于办理拒不执行判决、裁定刑事案件的会议纪要》（湖中法〔2018〕52 号）的精神执行。

五、对于刑事自诉案件，公安机关在人财物布控和证据固定、移送等如下方面应当依法采取措施，协助查明案件事实：

1. 在接到当事人控告后，公安机关如认为不符合立案条件或者立案后决定撤销案件的，应当在接受控告三日内将《不予立案通知书》或者《撤销案件通知书》送达控告人；需要查证的，审查期限不应超过 7 日。

2. 公安机关在初查过程中，为了收集上述第三条明确的相关证据的，可以依法采取询问、查询、勘验、鉴定、调取有关记录等不限制被调查对象人身、财产权利的措施。

3. 人民法院向公安机关调取有关拒执案件证据的，公安机关应将当事人提供的证据或初查过程中形成的证据材料及时、全部移送人民法院。

4. 公安机关负责对人民法院决定逮捕的被告人执行逮捕。在执行逮捕决定时，对符合条件的被告人可以通过发布通缉令等措施追捕归案。

六、在案件办理过程中，人民法院要发挥主体作用，依法保障当事人各项诉讼权利，注重通过打击犯罪推动自动履行的实际效果：

1. 人民法院应明确告知相关义务人不履行义务的法律后果，在执法办案中注意收集、固定涉嫌拒执犯罪的有关证据，鼓励、引导当事人依法行使各项诉讼权利。

2. 人民法院在审理过程中，应当准确界定"有能力执行而拒不执行，情节严重"的罪与非罪的界限，除严格审查上述第三条规定的"收入"、"支出"等证据外，还应审查执行程序中形成的各类诉讼文书。一般情形下，被告人在案的，至少应符合第三条有"收入"、"支出"中的三项情形；被告人外出或下落不明的，至少应有其中的一项情形，同时还应有被告人外出或下落不明的证据。

3. 人民法院认定拒不执行判决、裁定犯罪案件的材料，关于证明被执行人等义务主体"拒不执行"的证据必须包括执行通知书、限制高消费令、纳入失信被执行人决定书、罚款决定书及送达证明和责令申报财产令、拘留决定书及笔录等内容。

4. 人民法院可以根据紧急情况对被告人决定逮捕，也可以根据案件执行情况变更强制措施。

5. 在一审宣告判决前，被告人履行部分、全部义务或达成和解的，人民法院可以酌情从宽处罚，但对被告人适用缓刑的，缓刑期限一般应长于执行和解履行期限。对于拒不执行支付赡养费、扶养费、抚育费、抚恤金、医疗费用、劳动报酬等判决、裁定的，可以酌情从重处罚。

6. 自诉案件双方可以在人民法院判决宣告前自行和解，自诉人可以撤回自诉。

七、拒执刑事案件办理过程中，申请执行人或刑事自诉人可委托律师代理。对确有困难的，司法行政机关可根据刑事自诉人的申请或人民法院的函，向刑事自诉人提供必要的法律援助。

八、人民检察院依法对公安机关、人民法院的刑事立案、侦查和审判活动实行监督，对人民法院的判决、裁定是否正确实行监督。

九、人民法院、人民检察院、公安机关、司法行政机关根据案件办理情况建立联络员制度和不定期会商机制。

联络员负责案件办理过程中各类事项衔接和有关信息通报。

十、本纪要下发后，各级人民法院、人民检察院、公安机关、司法局要认真贯彻执行，如上级有新的规定，按照新的规定执行。

参考文献

(一) 学术著作类

江必新：《强制执行法的起草与论证》，中国法制出版社2014年版。

江伟：《民事诉讼法》，中国人民大学出版社2018年版。

沈德咏：《最高人民法院民事诉讼法司法解释理解与适用》，人民法院出版社2015年版。

沈德咏主编：《强制执行法起草与论证》，中国法制出版社2002年版。

孙加瑞：《中国强制执行制度概论》，中国民主法制出版社1999年版。

谭世贵主编：《中国司法改革研究》，法律出版社2000年版。

童兆洪主编：《民事强制执行新论》，人民法院出版社2001年版。

王亚新：《对抗与判定》，清华大学出版社 2010 年版。

肖建国：《民事执行法》，中国人民大学出版社 2014 年版。

杨与龄编著：《强制执行法论》，中国政法大学出版社 2002 年版。

张卫平：《转换的逻辑》，法律出版社 2004 年版。

［日］高桥宏志：《重点讲义民事诉讼法》，法律出版社 2007 年版。

［日］中村英郎：《新民事诉讼法讲义》，法律出版社 2001 年版。

［英］P. S. 阿蒂亚（P. S. Atiyah）：《法律与现代社会》，牛津大学出版社 1998 年版。

（二）学术论文类

常廷彬：《论被执行财产的查明制度》，《法学杂志》2009 年第 3 期。

陈恒：《执行管理长效机制的构建》，《法律适用》2019 年第 11 期。

陈伟莲、林镇中：《大数据背景下法院执行队伍的能力建设与培育研究——以 S 市法院为研究样本》，《法制博览》2019 年第 35 期。

陈志杰、郭鹏珍：《执行信息化改革的跨域协执机制探索》，《人民司法》2019 年第 22 期。

段明：《限缩抑或扩张：强制执行公证适用范围的立法选择》，《哈尔滨工业大学学报》（社会科学版）2020年第3期。

高桂林、李帅：《民事协助执行中的隐性不协助研究》，《人民司法》2015年第23期。

郭瑞、江河：《破产程序：破解执行难问题的路径选择——以无财产可供执行案件为视角》，《法律适用》2013年第1期。

韩舸友：《论程序上的执行救济》，《贵州民族学院学报》（哲学社会科学版）2003年第6期。

韩煦、孙超：《中国执行模式的发展现状与展望》，《法律适用》2018年第23期。

黄忠顺：《变更追加连带责任主体为被执行人的类型化分析》，《法治研究》2020年第3期。

江必新：《如何打赢"基本解决执行难"这场硬仗》，《人民论坛》2017年第3期。

李蔚：《民事执行悬赏制度公权化研究》，《河南财经政法大学学报》2020年第1期。

廖永安、张红旺：《强制执行公证中执行证书性质的再审视》，《哈尔滨工业大学学报》（社会科学版）2020年第3期。

刘贵祥：《深化综合治理　加强信用监管　努力向"切实解决执行难"迈进》，《中国信用》2019年第

9期。

吕宜民：《民事执行案件拍卖财产的法律适用》，《山东审判》（山东法官培训学院学报）2006年第4期。

马家曦：《民事执行担当研究——以执行程序中形式当事人的类型化适用为中心》，《法学家》2020年第3期。

彭云翔：《民事执行调查社会化问题研究》，《甘肃政法学院学报》2020年第1期。

孙海龙、张太亮：《变更执行法院的适用条件及价值取向》，《人民司法》2011年第22期。

孙伟峰：《民事执行强制管理人的主体资格探析》，《东岳论丛》2017年第5期。

谭秋桂：《论民事执行当事人变化的程序构建》，《法学家》2011年第2期。

唐学兵：《立审执协调：坚持系统思维 合力解决执行难》，《人民法院报》2018年9月5日。

童兆洪：《综合治理执行难长效机制的实践》，《人民司法》2010年第13期。

王公义：《裁判执行的基本理论及现实实践》，《中国司法》2020年第2期。

王立群、张宇：《信息化视野下的分段集约执行模式的思考与重构》，《人民法治》2017年第12期。

王砾尧：《信用承诺进行时——全社会创新实施信用承

诺制度扫描》,《中国信用》2019 年第 9 期。

王启江:《执行工作长效机制建构下的立审执衔接问题研究》,《法律适用》2019 年第 11 期。

王肖:《民事执行财产查明之立法现状与制度完善》,《东南大学学报》(哲学社会科学版)2010 年第 2 期。

王亚明:《分段集约执行的问题及破解》,《人民司法》2015 年第 5 期。

肖建国:《"大执行"格局下执行财产查控机制的新进展》,《人民法院报》2013 年 9 月 12 日。

肖建国:《强制执行法的两个基本问题》,《民事程序法研究》2016 年第 2 期。

肖建国:《执行信息化建设助推执行模式新变革》,《人民法院报》2016 年 6 月 16 日。

肖建国、黄忠顺:《失信被执行人信用惩戒机制的构建》,《人民法院报》2016 年 10 月 12 日。

谢光平:《"执行难"的症结及矫正途径》,《领导科学》2018 年第 18 期。

徐和平:《区域司法资源均等化配置问题研究——以法官资源为主要对象》,《甘肃社会科学》2014 年第 3 期。

许正平:《被执行人提出实体异议该如何审查》,《法制博览》2019 年第 31 期。

余庆、李梦瑶：《分段集约执行机制的实证分析与反思重构》，《法律适用》2017年第11期。

岳彩领：《论强制执行审执分离模式之新构建》，《当代法学》2016年第3期。

张榕：《"执行难"化解之误区及其归正》，《厦门大学学报》（哲学社会科学版）2017年第4期。

张斯文：《试论民事执行案件中的司法拘留》，《法制与社会》2013年第15期。

张卫平：《判决执行力主体范围的扩张——以实体权利转让与执行权利的获得为中心》，《现代法学》2007年第5期。

张艳丽：《执行案件移送破产的审查机制》，《人民司法》2019年第4期。

朱立国：《比较法视野下我国民事执行权优化研究》，《法制博览》2020年第18期。

后记 从"基本解决执行难"到"切实解决执行难",规范化是必由之路

执行与审判是法院工作的两大核心内容,审判是法院通过适用法律对社会矛盾纠纷居中做出裁决的活动,执行则是法院依据权利人的申请强制义务人履行生效法律文书确定的义务的活动。审判和执行是保障和实现公民权益的重要途径,关乎社会公平正义的实现。然而长期以来,由于制度不完善、社会诚信环境不佳以及执行行为不规范等多方面的原因,有些生效法律文书未能得到有效执行,这严重侵害了当事人的合法权益,损害了司法权威,破坏了法律的严肃性,也对全面推进依法治国提出了严峻挑战。为了切实保障公民的合法权益,维护司法权威和公信力,2016年,最高人民法院在向十二届全国人大四次会议所做的工作报告中庄严宣布,"用两到三年时间基本解决执

行难问题"。最高人民法院"基本解决执行难"目标的提出，既是全面深化改革、全面依法治国的内在要求，也与国家大数据战略所带来的历史机遇和近年来法院信息化发展所奠定的坚实基础密切相关。

党的十八大之后，中国的政治和社会发展进入了新的历史阶段。法律是治国之重器，依法治国是人类社会进入现代文明的重要标志，也是国家治理体系现代化的基本特征。党的十八届四中全会审议通过了《中共中央关于全面推进依法治国若干重大问题的决定》，以依法治国为主题召开全会，这在党的历史上系首次，彰显党在新的历史时期对法治的重视，"依法治国"成为时代最强音。全面深化改革、全面推进依法治国要求推动司法体制改革、建立公正司法。司法公正不仅体现为裁判结果的公正，更要求权利得以及时兑现，只有生效法律文书得到有效的执行，案件当事人才能真正感受到公平正义，司法公信力才能得到有效提升。全面推进依法治国离不开诚实信用的社会环境，党的十八届三中全会提出"要褒扬诚信，惩戒失信"，建设社会诚信体系。党的十八届四中全会提出要"加强社会诚信建设，健全公民和组织守法信用记录，完善守法诚信褒奖机制和违法失信行为惩戒机制"。为此，社会诚信体系建设在全国全面快速推进，中共中央办公厅、国务院办公厅出台《关于加快推进失信被执行人信用监督、警示和惩戒机制建设的意见》，"信用中国网"上线，国务院在发布《社会信用体系建设规划纲要（2014—2020年）》之后，又于2016年颁布《关于建立完善守信联合激励和失信联合惩戒制度 加快推进社会诚信建设的指导意见》，推动政务诚信、商务诚信、司法公信和社会诚信建设。

"基本解决执行难"既是实现司法公正、提升司法公信力的内在要求，也是推动社会诚信体系建设的必然选择。为增强社会主体法律意识和诚信意识，提升司法公信力，党的十八届四中全会明确提出"要切实解决执行难"，"依法保障胜诉当事人及时实现权益"。基本解决执行难，是全面推进依法治国和全面建成小康社会的应有之义，也是全面深化改革的重要目标任务，同时也将为"十三五"时期经济社会发展创造良好环境。

2016年3月，最高人民法院出台《关于落实"用两到三年时间基本解决执行难问题"的工作纲要》，对解决执行难工作进行系统部署，明确委托中国社会科学院牵头，中国法学会、人民日报、新华社、中央电视台等13家新闻媒体作为参与单位，并邀请十五位知名学者作为特聘专家，对人民法院"基本解决执行难"工作进行跟踪评估，具体评估工作由中国社会科学院法学研究所承担。2016年至2018年，中国社会科学院国家法治指数研究中心、中国社会科学院法学研究所法治指数创新工程项目组制定了"基本解决执行难"评估指标体系,并完成了全国法院"基本解决执行难"第三方评估。第三方评估是社会科学研究的新兴范式和方法,其能发挥传统社会科学研究所不能之作用。《中共中央关于全面深化改革若干重大问题的决定》提出,完善法治成果考核评价体系,建立科学的法治建设指标体系和考核标准。开展法治的第三方评估就是通过建立一套标准和体系,由客观中立的第三方对法治工作进行评价。第三方评估有助于避免法院自我评价的局限,客观科学地评价基本解决"执行难"工作取得的成效、发现存在的问题;有助于针对问题找出解决方案,实现科学决策和精细化管理;有助于改变过去法院自说自话、自我表扬,公信力差,话语权缺失,评价结果与公众感受不一致的状况;有助于通过评估与比较,褒扬先进,引领发展方向,解决法治发展和深化改革动力不足的问题。

评估结果显示,截至 2018 年底,人民法院执行工作取得了历史性成就,发生了历史性变化,不仅实现了执行工作的提质增效,更实现了执行体制和模式的变革,重塑了法院的执行生态,"基本解决执行难"这一阶段性目标已经实现。全国法院争取党委人大政府支持,综合治理执行难大格局基本形成;加强制度建设，探索完善制度机制，规范执行行为，逐步消除消极执行、选择性执行、乱执行等违纪违法行为；借力信息化，提升查人找物能力和规范办案水平；执行队伍建设得到重视，人员素质明显提升，总体面貌发生巨大变化；加强执行宣传，凝聚全社会对基本解决执行难的共识。

2019年，党的十九届四中全会召开，通过了《中共中央关于坚持和完善中国特色社会主义制度 推进国家治理体系和治理能力现代化若干重大问题的决定》，将制度文明提升到前所未有的高度，明确全面依法治国和全面深化改革的总目标是实现"国家治理体系和治理能力现代化"，这是继农业、工业、科技和国防现代化之后的第五个现代化。在国家治理体系中，司法治理是重要一环，切实解决执行难是完善司法治理体系、提升司法治理能力的必然要求。2019年还是营商环境法治元年，国务院颁布《优化营商环境条例》，将优化营商环境提升到行政法规的高度加以规范。优化营商环境，迫切需要建立诚信的社会体系，而人民法院的执行工作则是通过落实法院判决，切实保护和兑现人民的胜诉权益，建立社会信用体系，在全社会营造诚信氛围，进一步优化营商环境。

对于司法而言，2019年也是不平凡的一年，既是人民法院第五个五年改革纲要的开局之年，也是人民法院执行工作五年纲要的实施元年。在这一年，人民法院的执行工作进入新的历史阶段，在巩固"基本解决执行难"成果的基础上，致力于建立执行长效机制，向"切实解决执行难"目标迈进。切实解决"执行难"事关司法体制改革成败，更关系到全面依法治国的顺利推进。2019年，在"两到三年基本解决执行难"战役基础上，中央全面依法治国委员会发布《关于加强综合治理从源头切实解决执行难问题的意见》，强调"切实解决长期存在的执行难问题，事关全面依法治国基本方略实施，事关社会公平正义实现，具有十分重要的意义"。最高人民法院出台的《五五改革纲要》也提出"加强执行规范化、标准化建设"，"建立完善以操作规程为核心的执行行为规范体系，完善各类程序节点、执行行为的规范化、标准化流程"。近几年推进解决"执行难"的经验表明，规范执行是依法执行的应有之义，是考察法院在办理执行案件过程中是否遵循相应执行程序的硬性指标，只有依靠规范执行行为，才能有效提升执行能力，提升司法公信力，使执行工作赢得全社会的认可和支持。

为巩固基本解决执行难成果，向切实解决执行难迈进，湖州中院将标准化作为执行长效机制建设的抓手和关键，于2018年9月委托湖州市质量技术监督局制定《执行工作流程管理规范》，以标准化推进规范化。《执行工作流程管理规范》对分案、信息核对、网络财产查控、文书制作、传统调查、线下财产查控、移送评估、司法网拍、执行款发放等执行流程节点所要遵循的时限程序进行了明确规定，并集中规定了采取执行惩戒的情形和措施，对终结本次执行程序等不同的结案方式也提出严格要求。2019年，湖州中院将《执行工作流程管理规范》分解成《执行实施案件流程清单》，在两级法院贯彻执行，进一步强化执行干警的规范执行理念。

为了检验《执行工作流程管理规范》的科学性，中国社会科学院国家法治指数研究中心接受湖州中院的委托，凭借"基本解决执行难"第三方评估积累的丰富经验，研发了法院执行规范化指数，选取湖州两级法院为样本，对湖州两级法院的执行规范化成效进行了专项评估，借此推进统一执行标准、规范执行行为。2020年4月24日，中国社会科学院国家法治指数研究中心向社会发布了全国首个人民法院执行规范化指数。

评估结果显示，执行办案标准化管理，有助于切实提升执行办案规范度。经过一年的贯彻执行，湖州两级法院的执行干警逐步树立并强化规范执行的理念，在办理执行案件的过程中，根据案件需要及时采取查询、控制、处置等行为，并依法对失信被执行人采取曝光、限制消费、拘留、罚款等惩戒措施，做到应为必为。湖州中院的地方标准为全国建立统一的执行行业标准提供了样本。

评估也发现，湖州法院在规范执行的过程中，也存在约谈当事人有待加强、终本案件线下调查比较薄弱、拒不申报制裁力度仍显不够、执行流程标准有待统一等问题。事实上，这些问题并非某地某个法院独有，而是在全国具有普遍性。当前，全国法院正在巩固"两到三年基本解决执行难"的成果，并着力全面落实全国依法治国委员会一号文件关于切实解决执行难的要求，同时，强制执行统一立法也在紧锣密鼓推进。因此，建议结合各地实践中规范执行行为的经验和面临的困难，进一步加强顶层设计、统一执行标准。

全国首个执行规范化指数诞生在湖州，与湖州优越的区位优势和丰厚的人文底蕴不无关系。湖州地处长三角中心区域，太湖以南，是连接长三角南北两翼和东中部地区的节点城市。历史上，湖州就是江南富庶之城，明清时期湖州丝绸已行销全球，有"丝绸之府"之美誉。21世纪的今天，湖州作为"绿水青山就是金山银山"理念的诞生地，将生态文明建设和生态环境保护置于战略地位，谋求经济绿色、健康、可持续发展。湖州富庶殷实的物质文明和浩渺深邃的人文底蕴，滋养和孕育了一代又一代湖州人，湖州法院秉持科学的司法理念和务实的工作作风,将执行工作推向新的历史阶段,以标准化、规范化为路径探索建立执行长效机制,推动实现市域社会治理现代化。借助执行规范化指数的发布,湖州法院还深入开展"司法规范化水平提升年"活动,聚焦执行规范化,进一步完善执行长效机制,规范执行流程和执行行为,提升执行的强制性,不断提升人民群众对执行工作的满意度和获得感。

作者

2020 年 8 月 5 日